ASCÉTICA MEDITADA

Salvador Canals

ASCÉTICA MEDITADA

Que estas líneas sean luz para tus pasos en el diario caminar hacia el Padre

Fam. Sánchez Valdés

Minos
III MILENIO
EDITORES

Primera edición mexicana: 1962
Sexta edición mexicana: 1994
Quinta reimpresión de la 6ª. edición: 2005
Séptima edición: 2008
Primera reimpresión de la 7ª. edición: 2011

IMPRIMATUR
Obispo José María
Vicario General
Madrid, España

Diseño de portada: Ma. Magdalena Álvarez Alpizar

Augusto Rodin No. 276
Col. Noche Buena
C.P. 03720 México, D.F.
Teléfonos: 5615-9359 / 5615-6662 / 5615-5890
Fax: 5615-3467
www.minostercermilenio.com

Guadalajara:
Arcos No. 135, Col. Arcos Vallarta
C.P. 44130, Guadalajara, Jal.
Tels.: (33)3615-5766, (33)3615-4275
Fax: (33)3615-7451

ISBN 978-970-47-0106-2

Impreso en México
Printed in Mexico

Al lector*

Estas líneas quise haberlas escrito antes. Pero entonces urgía la editorial, y apenas tuve tiempo de ordenar los comentarios ascéticos publicados en «Studi Cattolici». Y salieron así, huérfanos de una carta de presentación que contara su génesis.

Recuerdo bien que, cuando pidieron mi colaboración en aquella revista, ni por un instante pensé escribir un libro. Compuse las meditaciones sin un plan premeditado. Y no fue difícil, pues lo que estaba escribiendo lo tomé en préstamo.

Muchas veces Mons. Escrivá de Balaguer, Fundador del Opus Dei, a cuantos le pedíamos consejo de vida interior, nos explicaba que en el ejercicio de su ministerio no tenía más que un solo puchero, *una misma enseñanza con validez universal: la de buscar la santidad en las ocupaciones ordinarias de cada uno. En ese* puchero *todos teníamos permiso para introducir nuestra cuchara y sacar el alimento apropiado para nuestra situación concreta. Yo así lo hice repetidamente, y luego la pluma se encargó de trasladar al papel las meditaciones que forman este volumen.*

Mi intento, al escribir, era sólo glosar algunas de las enseñanzas de Mons. Escrivá de Balaguer. Pero pudo más el espíritu que el instrumento. Tantas veces me había servido de

---

* Presentación que el autor, fallecido piadosamente en Roma el 24 de mayo de 1975, escribió para la segunda edición italiana de *Ascetica Meditata*, versión original del libro, actualmente en preparación. Por gentileza de Edizioni Ares, de Milán, publicamos estas líneas del autor antes de que salgan a la luz en la nueva edición italiana.

aquel puchero *que la glosa resultó con frecuencia continuación de la frase, nueva cita y hasta transcripción literal de modos de decir del Fundador del Opus Dei. Se me comprenderá bien si afirmo que me sucedió lo que a los niños: una vez dentro de la juguetería, ya no saben elegir y todo se lo llevarían, si de ellos dependiera.*

Conocí al Fundador del Opus Dei en 1940. No me es fácil explicar lo que aquel encuentro supuso para mí. Después, ya en Roma, tuve ocasión de tratarle asiduamente. El vigor de su expresión, el empuje de una vida interior envuelta en una naturalidad que se salía de lo ordinario, quemaban como fuego de Dios. ¡Cuántas veces he meditado sus enseñanzas! ¡Cuánto he pedido al Señor que fueran vida de mi vida, para que aprendiera a santificar todas mis ocupaciones! Eso pido ahora también para los lectores de estas meditaciones.

Cuando se lea Ascética Meditada *y la mirada se pare en una frase que quema y remueve, no hay que dudar: el agradecimiento debe ir a Mons. Escrivá de Balaguer, porque es el principal autor de esos pensamientos puestos ahora en papel.*

SALVADOR CANALS

Jesús, como amigo

> Haced de modo que, en su primera juventud o en plena adolescencia, se sientan removidos por un ideal: que busquen a Cristo, que encuentren a Cristo, que traten a Cristo, que sigan a Cristo, que amen a Cristo, que permanezcan con Cristo.
>
> J. Escrivá de Balaguer, 24-X-1942.

En este puñado de tierra que son nuestras pobres personas —que *somos* tú y yo—, hay, amigo mío, un alma inmortal que tiende hacia Dios, a veces sin saberlo: que siente, aunque no se dé cuenta, una profunda nostalgia de Dios; y que desea con todas sus fuerzas a su Dios, incluso cuando lo niega.

Esta tendencia hacia Dios, este deseo vehemente, esta profunda nostalgia, quiso el mismo Dios que pudiéramos concretarla en la persona de Cristo, que fue sobre esta tierra un hombre de carne y hueso, como tú y como yo. Dios quiso que este amor nuestro fuese amor por un Dios hecho hombre, que nos conoce y nos comprende, porque es de los nuestros; que fuera amor a Jesucristo, que vive eternamente con su rostro amable, su corazón amante, llagados sus manos y sus pies y abierto su costado: *Iesus Christus heri et hodie, ipse et in saecula,* que es el mismo Jesucristo ayer y hoy y por los siglos de los siglos.

Pues ese mismo Jesús, que es perfecto Dios y hombre perfecto, que es el camino, la verdad y la vida, que es la luz del mundo y el pan de la vida, puede ser nuestro amigo si tú y yo queremos. Escucha a San Agustín, que te lo recuerda con clara inteligencia con la profunda experiencia de su gran corazón: *Amicus Dei essem si voluero,* sería amigo de Dios si lo quisiera.

Pero para llegar a esta amistad hace falta que tú y yo nos acerquemos a Él, lo conozcamos y lo amemos. La amistad de Jesús es una amistad que lleva muy lejos: con ella encontraremos la felicidad y la tranquilidad, sabremos siempre, con criterio seguro, cómo comportarnos; nos encaminaremos hacia la casa del Padre y seremos, cada uno de nosotros, *alter Christus,* pues para esto se hizo hombre Jesucristo: *Deus fit homo ut homo fieret Deus,* Dios se hizo hombre para que el hombre se hiciera Dios.

Pero hay muchos hombres, amigo mío, que se olvidan de Cristo, o que no lo conocen ni quieren conocerlo, que no oran y no piden *in nomine Iesu,* en nombre de Jesús, que no pronuncian el único nombre que puede salvarnos, y que miran a Jesucristo como a un personaje histórico o como una gloria pasada, y olvidan que Él vino y vive *ut vitam habeant et abundantius habeant,* para que todos los hombres tengan la vida y la tengan en abundancia.

Y fíjate que todos estos hombres son los que han querido reducir la religión de Cristo a un conjunto de leyes, a una serie de carteles prohibitivos y de pesadas responsabilidades. Son almas afectas de una singular miopía, por la cual ven en la religión tan sólo lo que cuesta esfuerzo, lo que pesa, lo que deprime; inteligencias minúsculas y unilaterales, que quieren considerar el Cristianismo como si fuera una máquina calculadora; corazones desilusionados y mezquinos que nada quieren saber de las grandes riquezas del corazón de Cristo; falsos cristianos, que pretenden arrancar de la vida cristiana la sonrisa de Cristo. A éstos, a todos estos hombres, querría yo decirles: *Venite et videte,* venid y veréis. *Gustate et videte quoniam suavis est Dominus,* probad y veréis qué suave es el Señor.

La noticia que los ángeles dieron a los pastores en la noche de la Navidad fue un mensaje de alegría: *Ecce enim evangelizo vobis gaudium magnum, quod erit omni populo; quia natus est vobis hodie Salvator, qui est Christus Dominus, in civitate David.* Vengo a anunciaros una gran alegría, una alegría que ha de ser grande para todo el mundo: que ha nacido hoy para vosotros el Salvador, que es Cristo nuestro Señor, en la ciudad de David.

El esperado de las gentes, el Redentor, el que habían ya anunciado los profetas, el Cristo, el Ungido de Dios, nació en la ciudad de David. Él es nuestra paz —*ipse est pax nostra*— y nuestra alegría; y por ello invocamos a la Virgen María, Madre de Cristo, con el título de *Causa nostrae laetitiae,* causa de nuestra alegría.

Jesucristo es Dios, perfecto Dios. Expresémosle, pues, tú y yo, nuestra adoración con las palabras que el Padre puso en labios de Pedro:

—Tu es Christus, Filius Dei vivi—, Tú eres Cristo, el Hijo de Dios vivo. Y expresémosle también nuestra adoración, repitiendo la confesión de Marta, o la del ciego de nacimiento o la del centurión.

Pero Jesucristo es también hombre, y hombre perfecto. Saborea este título que era tan querido de Jesucristo: *Filius Hominis,* hijo del Hombre, como Él se llamaba. Escucha a Pilato *—Ecce Homo—*: ¡Ahí tenéis al Hombre!, y vuelve tu mirada a Cristo. ¡Qué cerca lo sentimos ahora, amigo mío!; Cristo es el nuevo Adán, pero nosotros lo sentimos todavía más cerca. Porque el don de la inmunidad al dolor hacía que Adán no pudiera sufrir, pero Tú, Señor, padeciste y moriste por nosotros. En verdad que Tú eres, ¡oh Jesús!, perfecto hombre: el hombre perfecto. Cuando nos esforzamos en imaginar el tipo perfecto de hombre, el hombre ideal, incluso sin quererlo pensamos en Ti. Y al mismo tiempo, ¡oh buen Jesús!, Tú eres *Emmanuel,* "Dios con nosotros".

Y todo esto, amigo mío, para siempre: *—Quod semel assumpsit numquam dimisit.* Lo que asumió una vez, jamás lo dejó. Ten hambre y sed de conocer la santísima Humanidad de Cristo y de vivir muy cerca de Él. Jesucristo es hombre, es un verdadero hombre como nosotros, con alma y cuerpo, inteligencia y voluntad, como tú y como yo. Recuérdalo a menudo, y te será más fácil acercarte a Él, en la oración o en la Eucaristía, y tu vida de piedad hallará en Él su verdadero centro, y tu cristianismo será más auténtico.

Intimidad con Jesucristo. Para que puedas llegar a conocer, amar, imitar y servir a Jesucristo, hace falta que te acerques a Él con confianza. *Nihil volitum quim praecognitum,* no se puede amar lo que no se conoce.

Y las personas se conocen merced al trato cordial, sincero, íntimo y frecuente.

¿Pero dónde buscar al Señor? ¿Cómo acercarse a Él y conocerlo? En el Evangelio, meditándolo, contemplándolo, amándolo, siguiéndolo. Con la lectura espiritual, estudiando y profundizando la ciencia de Dios. Con la Santísima Eucaristía, adorándolo, deseándolo, recibiéndolo.

El Evangelio, amigo mío, debe ser tu libro de meditación, el alma de tu contemplación, la luz de tu alma, el amigo de tu soledad, tu compañero de viaje. Que se habitúen tus ojos a contemplar a Jesús como hombre perfecto, que llora por la muerte de Lázaro —*lacrymatus est Iesus,* lloró Jesús—, y sobre la ciudad de Jerusalén; a verlo padecer el hambre y la sed; habitúate a contemplarlo sentado en el pozo de Jacob, *fatigatus ex itinere,* cansado del camino, y esperando a la samaritana; a considerar la tristeza de su alma en el huerto de los olivos —*Tristis est anima mea usque ad mortem,* triste está mi alma hasta la muerte—, y su abandono en el árbol de la Cruz; y sus noches transcurridas en oración, y la enérgica fiereza con que arrojó del templo a los mercaderes, y su autoridad al enseñar —*tamquam potestatem habentem,* como quien tiene potestad—. Llénate de confianza cuando lo veas —movido su corazón a misericordia por las muchedumbres— multiplicar los panes y los peces y regalar a la viuda de Naim su hijo resucitado a nueva vida y restituir a Lázaro, resucitado, al cariño de sus hermanas...

Acércate a Jesucristo, hermano mío; acércate a Jesucristo en el silencio y en la laboriosidad de su vida oculta, en las penas y en las fatigas de su vida pública, en su Pasión y Muerte, en su gloriosa Resurrección.

Todos hallamos en Él, que es la causa ejemplar, el modelo, el tipo de santidad que a cada uno conviene. Si cultivamos su amistad, lo conoceremos. Y en la intimidad de nuestra confianza con Él escucharemos sus palabras. *Exemplum dedi vobis, ita et vos faciatis:* te he dado el ejemplo: obra como Yo lo he hecho.

Pero antes de terminar, levanta confiadamente tu mirada a la Santísima Virgen. Pues Ella supo, como ningún otro, llevar en su corazón la vida de Cristo y meditarla dentro de sí: *Maria conservabat omnia verba haec conferens in corde suo.* Recurre a Ella, que es Madre de Cristo y Madre tuya. Porque a Jesús se va siempre a través de María.

Nuestra vocación cristiana

¡Qué claro estaba, para los que sabían leer en el Evangelio, esa llamada general a la santidad en la vida ordinaria, en la profesión, sin abandonar el propio ambiente! Sin embargo, durante siglos, no la entendieron la mayoría de los cristianos: no se pudo dar el fenómeno ascético de que muchos buscaran así la santidad, sin salirse de su sitio, santificando la profesión y santificándose con la profesión. Y muy pronto, a fuerza de no vivirla, fue olvidada la doctrina; y la reflexión teológica fue absorbida por el estudio de otros fenómenos ascéticos, que reflejan otros aspectos del Evangelio.

J. Escrivá de Balaguer, 9-I-1932.

Hablaba un día con un joven, precisamente como lo estoy haciendo ahora contigo, amigo mío. Trataba de convencerlo de la necesidad de que viviera cristianamente su vida, frecuentase los sacramentos, fuese alma de oración, y diese a todas sus acciones y a toda su vida una orientación sobrenatural.

—Jesús —le decía— tiene necesidad de almas que, con gran naturalidad y con gran entrega de sí mismas, vivan en el mundo una vida íntegramente cristiana.

Pero en sus ojos se transparentaba la resistencia de su alma; y sus palabras aducían justificaciones contra cuanto su voluntad se negaba a aceptar. Pocos minutos después resumió con sinceridad lo que, hasta entonces, quizá no se hubiera dicho ni aun a sí mismo:

—No puedo vivir como usted dice, porque soy muy ambicioso.

Y recuerdo lo que le respondí:

—Mira: tienes enfrente a un hombre mucho más ambicioso que tú, a un hombre que quiere ser santo. Pues mi ambición es tanta, que no se contenta con ninguna cosa terrena: ambiciono a Jesucristo, que es Dios, y al Paraíso, que es su gloria y su felicidad, y la vida eterna.

Déjame que prosiga ahora contigo, amigo mío, aquella conversación. ¿No te parece que todos nosotros los cristianos deberíamos ser santamente ambiciosos sobre este punto? La vocación cristiana es vocación de santidad. Todos los cristianos, por el mero hecho de serlo —cualquiera que sea el puesto que ocupen, hagan lo que hagan, vivan donde vivan—, tienen la obligación de ser santos. Todos estamos igualmente obligados a amar a Dios sobre todas las cosas: *—Diliges Dominum tuum ex tota mente tua, ex toto corde tuo, ex tota anima tua et ex totis viribus tuis,* amarás al Señor tu Dios con todo tu corazón, con toda tu mente, con toda tu alma y con todas tus fuerzas.

Pero esta idea tan sencilla y clara, primer mandamiento y compendio de toda ley de Dios, ha perdido fuerza y, en nuestros días, ya no informa prácticamente la vida de muchos discípulos de Cristo.

¡Cómo se ha empobrecido, Señor, el ideal cristiano en la mente de los tuyos! Han pensado y piensan, Jesús, que el ideal de la santidad es demasiado elevado para ellos, y que tal aspiración no puede hallar sitio en todos los corazones cristianos. Quede esta aspiración —he oído decir en todos los tonos— para los sacerdotes y para las almas a las que una especial vocación ha llevado a la vida del claustro. Nosotros, hombres del mundo, contentémonos con una vida cristiana sin excesivas pretensiones y renunciemos humildemente a los vuelos del alma, aun a riesgo, quizá, de sentir, en ciertos momentos, una estéril y pesimista nostalgia. La santidad —han incluido muchos y muchas, vencidos por los prejuicios y por las falsas ideas— no es para nosotros: sería presunción, jactancia, falta de equilibrio, desorden, fanatismo. Y se han declarado así vencidos antes de empezar la batalla.

Querría poder gritar al oído de muchos cristianos: —*Agnosce, christiane, dignitatem tuam,* ten conciencia, ¡oh cristiano!, de tu dignidad. Escúchame, amigo mío: libérate de prejuicios y deja que tu inteligencia se abra serenamente. La vocación cristiana es vocación de santidad. Los cristianos —todos, sin distinción— son, según la frase de San Pedro: *Gens sancta, genus electum, regale sacerdotium, populus acquisitionis,* gente santa, estirpe elegida, sacerdocio real, pueblo de conquista. Los primeros cristianos, conscientes de su dignidad, se daban entre sí el nombre de santos.

¿Cuándo perderás, amigo mío, ese miedo por la santidad? ¿Cuándo te convencerás de que el Señor te quiere santo? Sea cualquiera tu condición, tu profesión o empleo, tu salud, tu edad, tus fuerzas o tu posición social, si eres cristiano, el Señor te quiere santo.

Estote perfecti sicut et Pater vester coelestialis perfectus est: sed perfectos, como es perfecto vuestro Padre celestial. Estas palabras Jesús las dirigió a todos, y a todos propuso la misma meta. Los caminos son diversos, porque diversas y numerosas son las mansiones en la casa del Padre *(in domo Patris mei mansiones multae sunt),* pero el fin, la meta, es idéntico y común a todos los cristianos: la santidad.

Y así hoy, al cabo de dos mil años de Cristianismo, nosotros los cristianos deberemos formar en esta aspiración a la santidad y en esta convicción profunda un solo corazón y un alma sola como en los albores de la cristiandad: *Multitudo credentium erat cor unum et anima una,* la multitud de los creyentes era un corazón y un alma solos. Esa misma convicción, sólida y luminosa, se ve sostenida por las palabras que San Pablo dirigía a todos los fieles: *Haec est voluntas Dei: sanctificatio vestra,* ésta es la voluntad de Dios: vuestra santificación.

¡Por cuántos títulos se requiere y se exige de ti esta santidad! Por el Bautismo, que nos hizo hijos de Dios y herederos de su gloria; por la Confirmación, que nos hizo soldados de Cristo; por la Santísima Eucaristía, en la que el mismo Señor se nos entrega; por el sacramento de la Penitencia y por el del Matrimonio, si lo recibiste. Son llamadas, amigo mío, llamadas a la santidad. Escúchalas.

Y una vez que cayeron los prejuicios y se nos iluminó la mente con una nueva luz, resulta fácil ahora formular nuestro propósito: hacer del problema de la santidad un problema muy personal, muy concreto y muy "nuestro". Dios nuestro Señor —de ello estamos íntima y profundamente convencidos— nos quiere santos porque somos cristianos.

Levantemos a Dios la mirada, el corazón, la voluntad. *Quae sursum sunt sapite, quae sursum sunt quaerite,* saboread las cosas de lo alto, buscad las cosas de lo alto: la dignidad cristiana nos abre ante los ojos ilimitados y serenos horizontes. Respiremos profundamente el aire que viene de estas abiertas lejanías, y que es un aire que renueva nuestra juventud, como se renueva —lo dice la Escritura— la juventud del águila: *Renovabitur ut aquilas iuventus tua.*

Por fin comprendemos ahora la vacuidad de nuestras mezquinas ideas, y las detestamos. Y deploramos nuestro tiempo perdido y nuestros vanos temores. Ya no tenemos miedo alguno de la santidad y reconocemos, al fin, que nuestros corazones —como escribe el Salmista—, se empavorecieron demasiadas veces cuando no había motivo alguno de temor, *ibi trepidaverunt timore ubi non erat timor.*

Confiemos a la protección de la Virgen María, que es *Regina sanctorum omnium,* Reina de todos los santos, y *Sedes Sapientiae,* Sede de la Sabiduría, para que la idea de la santidad sea en nuestra vida cada día más clara, más fuerte y más concreta.

Un ideal para toda la vida

...esa vida corriente, ordinaria, sin apariencia, puede ser medio de santidad: no es necesario abandonar el propio estado en el mundo, para buscar a Dios, si el Señor no da a un alma la vocación religiosa, ya que todos los caminos de la tierra pueden ser ocasión de un encuentro con Cristo.

J. Escrivá de Balaguer, 24-III-1930.

Si me lo permites, amigo mío, querría continuar reflexionando contigo sobre el mismo tema. Creo que ha llegado el momento de dar gracias humildemente a Dios: *Laqueus contritus est nos liberati sumus,* las ligaduras se han desatado y por fin somos libres, según las palabras del Salmista. Se han desatado las ligaduras de los prejuicios, de las ideas falsas, y estamos ahora convencidos de que la idea de la santidad tiene que abrirse paso en nuestra mente y en todas las mentes cristianas.

Hemos empezado el camino: la perla preciosa ha brillado ante nuestros ojos, las riquezas del tesoro escondido han alegrado nuestro corazón. Sin embargo, hermano mío, he conocido almas, muchas almas, que llegadas a este punto, por un motivo o por otro (las "razones" y las excusas nunca faltan), no supieron ir más adelante. Una experiencia dolorosa, ¿no es verdad? Pero fecunda. Almas que habían visto, pero que cerraron los ojos o se adormecieron: almas que habían empezado y no continuaron, que hubieran podido hacer mucho y no hicieron nada.

Hace falta, como vos, pasar de la idea a la convicción, y de la convicción a la decisión. Debemos convencernos muy profundamente de que la santidad es para nosotros, de que la santidad es lo que el Señor nos pide antes de cualquier otra cosa. *Porro unum est necessarium:* Una sola cosa es necesaria. Que nunca te falte una fe solidísima en estas palabras divinas: la única derrota que se puede concebir en una vida cristiana —en tu vida— es la de demorarse en el camino que lleva a la santidad, la de desistir de apuntar a la meta. Hermano mío, la vida y el mundo carecerían de sentido si no fuese por Dios y por las almas. Esta vida nuestra no valdría la pena de vivirla si no estuviese iluminada en todo momento por una viva y amorosa búsqueda de Dios.

Escucha: *Quid prodest homini si mundum universum lucretur, animae vero suae detrimentum patiatur?* ¿De qué le sirve al hombre ganar el mundo entero, si luego pierde su alma? ¿Para qué pensar en tantas cosas, si luego olvidamos la única que cuenta? ¿Qué importa resolver tantos problemas nuestros y de los demás, si luego no resolvemos el problema más importante? ¿Qué sentido tienen nuestros triunfos, nuestros éxitos —nuestro "subir"— en la vida, en la sociedad, en la profesión, si luego naufragamos en la ruta de la santidad, de la vida eterna? ¿Qué ganancias y qué negocios son los tuyos, si no te ganas el Paraíso y pierdes el negocio de tu santidad? ¿A qué miras con tu estudio y con tu ciencia, si luego ignoras el significado de la vida y te es desconocida la ciencia de Dios? ¿Qué son tus placeres, si te privan para siempre del placer de Dios? Si no buscas verdadera, ardientemente, la santidad, nada posees; si buscas la santidad lo posees todo: *Quaerite primum regnum Dei et iustitiam eius et omnia adiicientur vobis!* Buscad primero el reino de Dios y su justicia, y todo lo demás se os dará por añadidura.

Medita, amigo mío, estas consideraciones y haz tú, por tu cuenta, otras muchas: consideraciones concretas y actuales para tu vida de ahora, para tu condición presente y para los peligros que amenazan tu alma; consideraciones que refuercen la profunda convicción que debes tener acerca de la santidad, porque ella es el único camino de felicidad temporal y eterna.

Dominus meus et Deus meus. ¡Señor mío y Dios mío! Toda la decisión y toda la firmeza de estas palabras del apóstol Tomás deberemos ponerla en nuestro empeño de buscar la santidad sobre cualquier otra cosa. Debes estar firmemente decidido a ser santo y a ir hacia delante a toda costa. ¡Qué ejemplo tan luminoso el de Santa Teresa de Avila! Ir adelante por su camino desafiando el cansancio y la desconfianza y la debilidad y la muerte: *...aunque me canse, aunque no pueda, aunque reviente, aunque me muera.*[1]

Y no olvides que lo que nos demora en nuestro ca-

---

[1] En español en el original.

mino no son las dificultades y los obstáculos que realmente se presentan: lo que nos demora es nuestra falta de decisión. *Non quia impossibilia sunt non audemus, sed quia non audemus impossibilia sunt.* No es que no nos atrevamos porque las cosas son imposibles, sino que las cosas son imposibles porque no nos atrevemos. La falta de decisión es el único verdadero obstáculo: una vez vencido, ya no hay otros, o, mejor, los superamos con gran facilidad. Que nuestro "sí" a Dios sea un "sí" decidido y que con su gracia, sea cada vez más audaz, total e indiscutido.

Decía Lacordaire que: "La elocuencia es hija de la pasión: dadme un hombre con una gran pasión —añadía— y os haré de él un orador". Dadme un hombre decidido —podría decirte yo—, un hombre que sienta la pasión de la santidad y os daré un santo.

Que nadie nos supere en desear la santidad. Aprendamos, con la ayuda de Dios, a ser hombres de grandes deseos, a desear la santidad con todas las fuerzas de nuestra convicción y con todas las fibras de nuestro corazón: *sicut cervus desiderat ad fontes aquarum,* como el ciervo ansía las aguas de los frescos manantiales.

Si tú, amigo, que lees estas líneas, eres joven, piensa en tu juventud, en esa juventud que es la hora de la generosidad: ¿qué uso haces de ella? ¿Sabes ser generoso? ¿Sabes hacerla fructificar en una eficaz y fecunda busca de la santidad? ¿Sabes enardecerte con estas ideas grandes... y convencerte... y decidirte?

Pero si dejaste atrás la juventud y te adentraste ya en la vida, no te preocupes, porque ésta es la hora de Dios para ti; para Él todas las horas son buenas, y a todas nos llama (en la de tercia, en la de sexta y en la de nona) para que nos convenzamos, para que nos decidamos y para que deseemos la santidad, como el mismo Jesús nos lo enseñó en la parábola de los obreros de la viña.

Todas las edades son buenas, y te repito que cualquiera que sea tu condición, tu situación actual y tu ambiente tienes que convencerte, que decidirte y que desear la santidad. De sobra sabes que la santidad no consiste en gracias extraordinarias de oración, ni en mortificaciones y penitencias insostenibles, y que ni siquiera es patrimonio exclusivo de las soledades lejanas del mundo. La santidad consiste en el cumplimiento amoroso y fiel de los propios deberes, en la gozosa y humilde aceptación de la voluntad de Dios, en la unión con Él en el trabajo de cada día, en saber fundir la religión y la vida en armoniosa y fecunda unidad, y en tantas otras cosas pequeñas y ordinarias que tú conoces.

Haec via quae videtur. Este camino que parece... El camino es sencillo y claro. ¡Convéncete, decídete, desea! Concreta tu esfuerzo y tu lucha, y persevera con amor y con fe. La Santísima Virgen, Reina de todos los Santos, si le pides luz y protección, te servirá de apoyo y de consuelo en la lucha.

Vida interior

Necesitamos una rica vida interior, signo cierto de amistad con Dios y condición imprescindible para cualquier labor de almas.

J. Escrivá de Balaguer, 31-V-1943.

Santo Tomás vio ya, en su mente excelsa, que todos los bienes de la naturaleza se esfuman si se comparan al menor de los bienes sobrenaturales, y expresó tal concepto, en forma metafísica, cuando dijo que: *Bonum unius gratiae maius est quam bonum naturae totius universi,* que un solo bien de la gracia es mayor que todo el bien de toda la naturaleza. Un escritor contemporáneo, imbuido asimismo de la grandeza de este sentimiento, ha expresado el mismo concepto en forma psicológica: Dios nuestro Señor —ha dicho— se ocupa más de un corazón en el que puede reinar, que del régimen natural de todo el Universo físico y del gobierno de todos los imperios del mundo.

Pues hoy quiero hablarte de ese Reino de Dios, donde el Señor encuentra sus delicias; de ese Reino de

Dios que está dentro de nosotros, de ese Reino de Dios que es tan admirable como desconocido.

El corazón de los hombres es como una cuna en la que Jesús vuelve a nacer; y por eso en todos los corazones que han querido recibirlo, el mismo Jesús, aunque de modos distintos, crece en edad, en sabiduría y en gracia. Jesús no es igual en todos, sino que, según son las capacidades del que lo recibe, Él se manifiesta diversamente en la vida de los hombres, bien como un niño o como un adolescente en pleno desarrollo, o como un hombre maduro.

Reinar, nacer y crecer en el corazón y en la vida del cristiano es el deseo de Cristo, que quiere, de ese modo, hacer de cada cristiano —de ti, de mí— *alter Christus,* otro Cristo. Y a esa llamada de la gracia, a esa invitación de Jesús, todos deberemos responder repitiendo las palabras del Precursor: *Oportet Illum crescere, me autem minui:* conviene que Él crezca y que yo disminuya.

Esta transformación en Jesucristo, esta unión con Dios, que es fruto de la vida interior, abraza toda la vida entera y nos hace sentir y gustar la consoladora y tranquilizadora realidad de la parábola de la vid y los sarmientos. *Ego sum vitis vos palmites: qui manet in Me, et Ego in eo, hic fert fructum multum: quia sine Me nihil potestis facere.* Yo soy la vid y vosotros los sarmientos: Si alguien permanece en Mí, y Yo en él, da mucho fruto; porque sin Mí no podéis hacer nada.

Sé sarmiento unido a la vid. Alma de profunda vida interior. No tardarás en darte cuenta de que tus pensamientos irán transformándose bajo el influjo de la sabiduría propia de la vida sobrenatural, que te llevará a pensar con las ideas de Dios y a ver el mundo y la vida con los ojos de Dios. Con esa unión de pensamiento con Jesucristo, ya no tendrás una inteligencia pagana. Te convertirás en alma de visión sobrenatural y no merecerás el reproche de Cristo: *Nonne et ethnici hoc faciunt?* ¿Pues acaso no hacen esto también los paganos? Tu visión del mundo, profundamente sobrenatural, dará luz y calor a tu palabra. La linfa del espíritu sobrenatural, fecundará también tu vida afectiva. Comprenderás las palabras de San Pablo: *Hoc enim sentite in vobis quod et in Christo Jesu,* tened en vuestros corazones los mismos sentimientos de Jesucristo. Pues los sentimientos de Jesús, llenos de pureza y de comprensión, de amor por las almas y de compasión por las que se alejan de su camino, son patrimonio de quienes se han transformado en Cristo.

Tras esa unión de pensamiento y de sentimiento con Jesucristo, tras esa renovación de la vida intelectual y afectiva, la linfa de la vida interior penetrará en toda tu actividad exterior: tus obras, flores y frutos de tu vida interior estarán llenos de Dios y revelarán la superabundancia de tu amor por Él. Sólo entonces serán verdaderamente *opera plena coram Domino,* obras ricas ante la presencia del Señor.

Tu unión con Jesús, hermano mío, ha de ser sobre todo interior. Pues tus pensamientos, tus deseos, tus afectos son la parte más delicada y más íntima de tu vida y son también la parte más generosa y preciosa de tu holocausto. Y todo este mundo interior —este manojo de espigas palpitantes de vida— es precisamente lo que el Señor pide a las almas.

Si sólo das al Señor tus obras externas, pero le niegas o mides la parte más íntima de tu vida —tus deseos, tus afectos, tus pensamientos—, jamás serás alma interior.

¿Quieres saber, amigo mío, si eres alma de vida interior? Hazte esta pregunta: ¿Dónde vivo habitualmente con mis pensamientos, con mis afectos, con mis deseos? Si tus pensamientos, tus afectos, tus deseos convergen hacia Jesucristo, es prueba cierta de que eres alma interior. Pero si tus pensamientos, tus afectos y tus deseos te llevan lejos de Dios, es signo, también cierto, de que no eres alma de vida interior. Porque no debes olvidar que *ubi thesaurus vester est, ibi et cor vestrum erit,* que allí donde está tu tesoro, allí está también tu corazón. Y el único tesoro de las almas de vida interior es Jesús, aquel Jesús —añaden ellas— *quem vidi, quem amavi, in quem credidi, quem dilexi,* al que vi, al que amé, en quien creí, y al que preferí sobre todos.

Como ves, hermano mío, el gran campo de batalla de las almas que aspiran a una verdadera y profunda vida interior es el corazón. Las batallas de Dios se ganan y se pierden en el corazón. Por esto la *guarda del corazón* es norma fundamental de la vida ascética. Cuando las almas quieren y no ponen traba a la obra de Dios, Él las conduce a la verdadera unión, e instaura dentro de ellas su reino, que es *regnum iustitiae, amoris et pacis,* reino de justicia, de amor y de paz.

Si estas consideraciones han abierto tus ojos a la realidad de un reino de Dios que es totalmente interior —*regnum Dei intra vos est,* el reino de Dios está dentro de vosotros— ahora es necesario, amigo mío, que tus ojos se abran frente a una nueva realidad, la de que *regnum coelorum vim patitur.* Debes recordar que el Reino de los Cielos sufre violencia, que el camino que lleva a este reino interior, es camino de mortificación, de purificación.

Ahora que te sientes sarmiento unido a la vid, y que deseas serlo cada día más, es necesario que vuelvas a escuchar la voz de Jesucristo: *Ego sum vitis vera et Pater meus agricola est,* Yo soy la verdadera vid y mi Padre es el labrador. *Omnem palmitem in Me non ferentem fructum, tollet eum; et omnem qui fert fructum, purgabit eum, ut fructum plus afferat.* El sarmiento que no dé fruto será cortado, y el que dé fruto será podado, para que aún dé más. Para que tú des más frutos, para que tu unión con el Señor se consolide, es necesaria la poda, la purificación. No temas al cuchillo del podador: *Pater meus agricola est,* mi Padre es el labrador. Pues con esa poda el Señor purificará tu inteligencia y tu voluntad, tu corazón y tu memoria. No podrás adelantar un paso en la vida de unión con Dios sin dar antes necesariamente otro paso por el camino de la purificación. Y para ello es menester que colabores con el Señor; cuando llegue el momento de podar: ¡déjalo hacer! Y cuando veas caer ramas y hojas, alégrate, pensando en los nuevos y próximos frutos que esa poda promete.

La abundancia de esos frutos depende de tu vida interior, de tu grado de unión con Dios. *Qui manet in Me, et Ego in eo, fert fructum multum.* El que permanece en Mí, y Yo en él, da mucho fruto. Que tu actividad exterior, que tu acción intensa, no te alejen de Dios.

Escucha de nuevo al Señor: *Manete in Me,* permaneced en Mí. Recuerda que la vida interior es el alma de todo apostolado. Cuanto más grande sea tu unión con Dios, más abundante será el fruto de tu apostolado. Bien entendido que el fruto, y no el éxito, que es cosa completamente distinta.

Resulta más eficaz un hombre de vida interior con unas pocas palabras espontáneas, que una persona poco interior con un discurso que agote las posibilidades del intelecto.

Quiero recordarte todavía que la sensibilidad del apóstol por los problemas y las necesidades de su apostolado no depende de su grado de inmersión en el trabajo eterno, ni de su destreza, sino de su grado de unión con Dios.

Antes de concluir esta breve conversación con el Señor, escuchemos otra vez las palabras de Jesús: *Manete in Me*.

Guarda el corazón

> Hemos de enseñar a todos los hombres que ser cristianos es algo muy grande, porque el alma del creyente es templo de Dios, donde habita la Trinidad Beatísima; pero que es necesario, si se quiere alcanzar la perfección cristiana, pelear con denuedo los combates de la vida interior, porque el reino de Dios sólo se alcanza a viva fuerza.
>
> J. Escrivá de Balaguer, 2-II-1945.

Quiero, amigo mío, que de labios de aquel gran santo de la Iglesia que fue San Agustín escuches la confesión de la feliz experiencia de su corazón y de su clara mente: *Fecisti nos, Domine, ad Te et inquietum est cor nostrum, donec requiescat in Te,* nos creaste, Señor, para Ti, y nuestro corazón está inquieto hasta que no descansa en Ti. Aquel Santo, cuya vida, sin duda, conoces, recorrió sediento de verdad y amor muchos caminos de la tierra. Y después de tantas dolorosas experiencias, dejó escapar de su grande y noble alma, ese grito que antes te transcribí, y que es una verdadera confesión. Su rico e inquieto corazón buscaba felicidad y descanso, y los buscó inútilmente por mucho tiempo, hasta que lo encontró todo cuando encontró a Dios.

Esta inquietud que todos llevamos dentro es necesario apaciguarla, sosegarla; este vacío que sentimos en nuestra intimidad es necesario colmarlo. Hasta que esta inquietud no se sosiega, hasta que este vacío no es colmado, el corazón del hombre anhela, sufre y busca. La historia de cada hombre es la historia de un peregrino, de un caminante que busca la felicidad. Todos los hombres, algunos conscientemente, otros —la mayoría— inconscientemente, buscan a Dios.

Por esto, hermano mío, el mundo se divide en dos grandes partes: las personas que aman a Dios con todo su corazón, porque lo han encontrado, y las almas que lo buscan con todo su corazón, pero que todavía no lo han encontrado. A los primeros el Señor les manda: *Diliges Dominum Deum tuum ex toto corde tuo,* amarás al Señor tu Dios con todo tu corazón; a los segundos les promete: *Quaerite et invenietis,* buscad y encontraréis.

Pregúntate, hermano mío, a cuál de esas dos partes perteneces para saber lo que tienes que hacer. Y no olvides que si ves o sientes que te falta algo, lo que en realidad te falta es Dios nuestro Señor, que no está presente todavía en su vida o que no lo está con la debida plenitud.

Quiero recordarte una verdad muy sencilla, una verdad que es la base de todas las consideraciones que llevamos hechas. El corazón del hombre, todos los corazones, incluso los corazones de las almas consagradas a Dios, han sido creados para la felicidad y no para la mortificación, para la posesión y no para la renuncia. Y esta exigencia de felicidad y de posesión es ya una realidad preciosa aquí sobre la tierra; una preciosa y bellísima realidad que, para manifestarse, no espera a nuestra entrada en el Paraíso.

Si el corazón humano ha sido creado para la felicidad —felicidad que debe comenzar aquí abajo, sobre la tierra— y ésta se halla solamente en Dios, tienes que admitir que el sendero que a ella conduce no puede ser otro que el de la *guarda del corazón.*

La ciencia de la guarda del corazón se compone de orden y de lucha, de defensa y de ataque, de conocimiento y de decisión, de renuncia y de sufrimiento; pero todo se ordena hacia la felicidad y hacia su posesión.

Guardar el corazón quiere decir conservarlo para Dios, vivir de modo que nuestro corazón sea su reino, que en él existan todos los amores que conforme a nuestro estado y nuestra condición deban estar allí, pero que todos se fundan armónicamente en el amor de Dios y a Él se ordenen.

Guardar el corazón quiere decir también amar con pureza y con pasión a quienes debamos amar, y excluir al mismo tiempo los celos, las envidias y las inquietudes, que son causas ciertas de desorden en el amar. Guarda del corazón quiere decir, siempre, orden en el amar. La ciencia de la guarda del corazón enseña al cristiano a descender a las profundidades de su alma para descubrir allí sus movimientos y sus tendencias.

¡Qué pocas son las personas que tienen el valor de mirar con ojos sinceros a esa fecunda y oculta fuente de la vida humana que es el corazón! ¡Cuánta maldad y cuánta grandeza viven y vibran escondidas en el corazón humano! Si probamos, amigo mío, a afrontar nuestro corazón, no tardaremos en descubrir que Dios, la naturaleza y el demonio son los tres eternos protagonistas del combate espiritual que cada día se desenvuelve allí. Y nos daremos también perfecta cuenta de que las batallas de Dios se ganan o se pierden en el corazón.

Comprenderemos, de este modo, la profundidad del reproche dirigido por Jesús a los fariseos: *Populus iste labiis Me honorat, cor autem eorum longe est a Me,* este pueblo me honra con los labios, pero su corazón está lejos de Mí. El Señor que ama a los limpios de corazón y que quiere instaurar su reino en los corazones, no puede aceptar este servicio hipócrita y formal.

Un alma habituada a la vigilancia del corazón se da cuenta de que la mayor parte de sus acciones son exclusivamente naturales o mixtas de naturaleza y de gracia: puede comprobar, con pena y dolor, cuán pocas veces realiza acciones que deriven por entero de la gracia y que sean perfectamente sobrenaturales. Pues el carácter sobrenatural de una acción está continuamente amenazado por todas partes; al principio, en su transcurso y en su final.

Por eso esas almas convierten la guarda del corazón en una continua vigilancia de la propia intimidad, en una *presencia* en todas sus acciones en el mismo momento de realizarlas. Si imaginamos el corazón como un campo de batalla, podemos decir que esa ciencia enseña a vivir continuamente como los centinelas en las avanzadas.

Verdad es que el camino no es fácil, pero cuando el corazón ha alcanzado la purificación completa, Dios nuestro Señor, con su presencia y con su amor, ocupa el alma y todas sus potencias: memoria, inteligencia, voluntad. Y de este modo la pureza del corazón conduce al hombre a la unión con Dios, unión a la que normalmente no llevan los demás caminos.

Una vez que haya alcanzado la pureza del corazón, el alma podrá practicar con facilidad todas las virtudes que las ocasiones de la vida le reclamen; y poseerá igualmente el alma, el espíritu y, por decirlo así, la esencia de cuantas virtudes no tenga ocasión de practicar; y eso es lo que Dios nuestro Señor desea.

En la escuela del corazón podemos aprender, en un instante, más cosas de cuantas nos puedan enseñar en un siglo los maestros de la tierra. Sin la guarda del corazón, por más que queramos empeñarnos, no llegaremos nunca a la santidad; con ella, en cambio, y sin otras acciones externas, se han santificado muchas almas. Y, por otra parte, éste es, amigo mío, el camino que conduce a la felicidad, al sereno y completo descanso del corazón en Dios.

El camino real

> Teniendo en nuestras almas los mismos sentimientos de Cristo en la Cruz, conseguiremos que nuestra vida entera sea una reparación incesante, una asidua petición y un permanente sacrificio para toda la humanidad, porque el Señor os dará un instinto sobrenatural para purificar todas las acciones, elevarlas al orden de la gracia y convertirlas en instrumento de apostolado.
>
> J. Escrivá de Balaguer, 2-II-1945.

Un autor espiritual se pregunta, con justa preocupación, si es oportuno, en nuestros días, insistir *exclusivamente* sobre aquel perfeccionamiento humano que el Cristianismo lleva consigo necesariamente si se vive con profundidad y entrega. Y yo quiero decirte, amigo mío, recogiendo este grito de alarma, que acaso lo que más caracterice al mundo de hoy sea su carencia de *sentido teológico.*

Ahora que estás a solas con Dios para meditar, bajo su mirada, vuelve a pensar en tu personal experiencia, en tu vida con los demás, en las reacciones de los demás —y en las tuyas propias—, en sus actividades —y en las tuyas— ante los valores espirituales y ante las inevitables pruebas de la vida, y ante tantos acontecimientos como interesan a la Iglesia y en los cuales se están jugando problemas que ponen en serio peligro el bien de las almas. ¿No te parece que muchos cristianos —y que acaso también tú— no consideran la grandeza de Dios y de su Iglesia? ¿No te perece que en muchas inteligencias cristianas se va apagando el sentido teológico? ¿No es verdad que en el modo de obrar y de hablar de muchos cristianos se llega incluso a menospreciar ese "sentido de la cruz" que tan íntimamente unido va siempre al sentido teológico?

Tú y yo sabemos bien que para ver a Dios hace falta morir: *Deum nemo vidit unquam,* a Dios nadie lo vio nunca. Algo semejante ocurre en nuestra vida interior. Para ver a Jesús y para conocerlo en la oscuridad luminosa de la fe, para vivir con Él en intimidad cada vez mayor, hace falta que aprendamos a morir para nosotros mismos. Tenemos necesidad de sentido teológico, tenemos necesidad del "sentido de la cruz": *ubi crux ibi Christus,* donde está la cruz, allí está Cristo.

El mismo Jesús, que nos dijo, revelándonos un secreto: *Regnum Dei intra vos est,* el reino de Dios está dentro de vosotros —añadió, mostrándonos un camino: *Regnum, caelorum vim patitur,* el reino de los cielos se toma a la fuerza. Si nos falta el sentido teológico, si no tenemos el "sentido de la cruz", nuestra vida corre el riesgo de ser solamente humana: cesamos de vivir como cristianos para vivir como paganos, todo lo más como buenos paganos.

La cruz es nuestra única esperanza. Exalta la cruz, la cruz de Cristo: en tu inteligencia, para que comprendas su valor y su necesidad, y para que no sea pagana en sus juicios y en sus razonamientos; en tu voluntad, para que la ames y la aceptes, no con resignación, sino con amor; en tus obras, para que tengan un poco de la eficacia redentora de la Cruz.

La santidad se consuma sobre la cruz, porque la cruz es la muerte del pecado, y el pecado es el único enemigo de la santidad. Escuchemos la voz del Maestro: *Si quis vult post Me venire, abneget semetipsum, tollat crucem suam quotidie et sequatur me,* si alguien quiere venir tras de Mí, niéguese a sí mismo, coja cada día su cruz y sígame. Para el cristiano no hay otro camino: el suyo es el camino real de la santa Cruz.

Esta cruz, la cruz de Cristo, la santa Cruz, debemos cogerla —para caminar abrazados con ella— todos los días: *quotidie.* El día que no sintamos sobre la espalda el peso de la cruz y no sepamos, con nuestra inteligencia, reconocer su valor, ese día no viviremos como discípulos de Cristo.

Debes mirar a la cruz con fe y llevarla con amor. Sin sentirte jamás, ni siquiera por un solo instante, *víctima.* La cruz no hace víctimas..., ¡hace santos! No provoca caras tristes, sino rostros alegres. Quien vive así, comprende que la víctima es una sola: Jesucristo, que padeció y murió por todos, que padeció y murió en el abandono.

Nosotros los cristianos —tú y yo—, cuando llevamos la cruz de Cristo somos felices, descubrimos la única y verdadera felicidad, que es participación de la felicidad de Dios. Pero si queremos llevar la cruz que nos hace sus discípulos "cada día" —*quotidie*—, debemos descubrirla. Y éste ha de ser nuestro primer propósito: abrir bien los ojos del alma, los ojos de la fe, para descubrir la cruz de Cristo en nuestra vida.

¿Cuál será, para ti, pues, la cruz de Cristo? Escucha, amigo mío: ¿qué es lo que te cuesta mayor esfuerzo en tus jornadas? Porque aquello es la cruz del Redentor para ti. Aquellas poderosas tentaciones que te asaltan, tu salud maltrecha, tu duro y extenuante trabajo, esos defectos de carácter que te humillan, los defectos de las personas que viven a tu lado, que te hacen sufrir... ¡Ten visión sobrenatural! He ahí la cruz de Cristo para ti. Proponte firmemente reconocerla y abrazarla, cuando la vislumbres en tu camino de cada día. Pide al Señor que te descubra el misterio de la Cruz, y caminarás a pasos de gigante por la vía de la santidad.

Y ahora que conoces cuál es la cruz de Cristo, ahora que conoces su valor y su necesidad, ¡qué fácil te será llevarla! Llévala con alegría, con amor. Llévala generosamente, y aprende a esconderla a los ojos de los que te rodean, como se esconde un tesoro. Escóndela tras una sonrisa generosa y descubrirás el sentido —dentro, en lo profundo de tu alma— de las palabras del Señor: *Iugum meum suave est et onus meum leve,* mi yugo es suave y mi carga, ligera. Porque Él, el buen Cirineo de las almas, te ayudará a llevarla.

Y no te limites a llevar tu cruz: lleva generosamente también la cruz de tus hermanos. Pero, sobre todo, enséñales el valor de la cruz. Ruega al Señor por ellos, para que sepan descubrir y amar la cruz en todo aquello que les preocupa o les angustia, en aquello que les hace sufrir.

La cruz, sólo la santa Cruz, dará eficacia y fecundidad a tu vida de apóstol. *Cum exaltatus fuero a terra, omnia traham ad Meipsum:* si fuere levantado de la tierra, atraeré a todos a Mí: cuando yo sepa estar sobre la cruz con amor, como Jesucristo, entonces atraeré a Ti —al Señor— a todas las almas que me rodeen; entonces seré verdaderamente *corredentor* con Cristo.

Pero no olvides que María Santísima, la Reina de los mártires, es también Reina de la paz. Acércate a Ella, pues, con confianza. Para hacerle compañía, a los pies de la Cruz.

La esperanza cristiana

> ...no estamos solos, porque Dios existe, y me ha llamado a la existencia, y me mantiene en ella, y me da fortaleza. Además, me ha elegido con predilección y, si tengo confianza, me concederá la constancia y la firmeza en mi camino, porque, cuando Él comienza una obra, la acaba: Él hace siempre las cosas perfectas.
>
> J. Escrivá de Balaguer, 29-IX-1957.

Entre las virtudes que dejan más profunda huella en el ánimo humano, que de modo más manifiesto influyen sobre la vida y el obrar de los hombres, está la virtud cristiana, teologal, de la esperanza. Un mismo hombre, en efecto, según viva bajo el hálito de la esperanza o yazca bajo el peso de la desesperación, se nos presenta —y es de verdad— como un gigante o como un pigmeo. En nuestra convivencia y en nuestro trato con los hombres somos cada día testigos —no sin sorpresa ni pena— de estas sorprendentes transformaciones; pues quizá más que ningún otro nuestro siglo adolece de la carencia de esta virtud. ¡Cuántas filosofías, cuántas actitudes, cuántos estados anímicos de los hombres de nuestro tiempo ahondan sus raíces en almas sin esperanza, que se debaten entre la angustia y el miedo, una angustia que nada puede desatar, un miedo que nada puede alejar!

La verdad, amigo mío, es que el hombre no puede vivir sin esperanza. La esperanza es la llamada del Creador, principio y fin de nuestra vida, al cual ninguna criatura humana puede escapar; es la voz del Redentor que desea ardientemente la salvación de todos los hombres (*qui vult omnes homines salvos fieri,* que quiere que todos los hombres se salven): nadie puede, sin perder la paz del alma, negarse a escucharla; es la profunda nostalgia de Dios, que Él mismo dejó en nosotros —como don maravilloso— tras haber llevado a cabo, para cada uno de nosotros, aquellas inefables "obras de sus manos" que, en el lenguaje de los teólogos, se llaman Creación, Elevación y Redención.

Esta profunda nostalgia del corazón humano, pocos han sabido expresarla al través de los siglos cristianos con aquel suasorio tono de conocimiento adquirido, con aquellos conmovidos acentos de experiencia sufrida con los que la expresó San Agustín. Escritor de elevada intuición y de profundos estados de ánimo, supo definir en un grito de su gran espíritu toda la condición del hombre, transeúnte por esta tierra: *Fecisti nos, Domine, ad Te, et inquietum est cor nostrum, donec requiescat in Te,* nos hiciste, ¡oh Señor!, para Ti, y nuestro corazón estará inquieto hasta que descanse en Ti.

Detengámonos por un instante sobre esta frase para tratar de hacer luz sobre nuestro pesar y darnos una razón de nuestras ansiedades. La nostalgia que cada uno de nosotros lleva en sí no se puede eliminar, no se puede desarraigar: arraigada en nuestra misma persona humana, que está destinada a ver un día a Dios y a gozar para siempre de Él, esta nostalgia será siempre nuestra compañera de viaje, la amiga de las horas alegres y tristes de nuestra jornada terrena. Sin embargo, puede —y debe— ser aliviada, y tal es el cometido de la virtud de la esperanza. En la segunda parte de la frase agustiniana se abre, en efecto, como un respiradero: *"...donec requiescat in Te"*. Si ese respiradero se cerrase, la inquietud y la nostalgia se volverían desesperación y angustia.

Mientras estemos en camino, mientras seamos viandantes sobre esta tierra, llevaremos con nosotros, hermano mío, la nostalgia de Dios y una oscura inquietud, engendrada por la incertidumbre acerca de la consecución de nuestro último fin (pues nadie puede, en efecto, salvo privada revelación de Dios, sentirse cierto de su propia salvación eterna): nostalgia e inquietud que pueden —y deben, que ahora ya estamos convencidos de ello— ser aliviadas por la esperanza cristiana. Nosotros, los cristianos de este mundo, nos apoyamos sobre la esperanza; y cuando caiga la esperanza, junto con la fe, al final de nuestra jornada terrena, entonces tendremos la alegría de la posesión sin sombras y el reino de la caridad sin más temores. Al final de nuestra vicisitud humana, hermano mío, habrá para cada uno de nosotros o la alegría de la posesión o la desesperación de verse para siempre privados de Dios.

La esperanza, virtud teologal, nos hace tender continuamente hacia Dios, confiando, para llegar hasta Él, en el socorro que nos ha prometido: *Confidite, Ego vici mundum,* tened confianza, yo he vencido al mundo. El motivo formal (como suelen decir los teólogos) de esta virtud es Dios, que siempre nos socorre: *Deus auxilians,* Dios auxiliador, la omnipotencia auxiliadora. Sin embargo, a veces ocurre que nosotros, los cristianos (y ésta es una de tantas contradicciones de nuestra vida), sustituimos en nuestra alma y en nuestro corazón esa grande y hermosa esperanza, que es la de Dios y la de nuestro último fin, por otras esperanzas humanas más pequeñas, aunque sean hermosas. Y no es que los cristianos no deban tener esperanzas humanas, antes al contrario: incluso existen bellas y nobles esperanzas que deben estar en nuestro corazón más que ninguna otra. Pero también aquí —en la "provincia" de la esperanza— es menester que en nuestra alma y en nuestro corazón existan el orden, la jerarquía y la armonía de las esperanzas, y que ninguna esperanza humana —por noble y bella que sea— pueda oscurecer la luz y disminuir la fuerza de la esperanza de poseer y gozar para siempre, en la vida eterna, a Dios, nuestro fin último.

Sucede así a veces, en nuestra vida, que Dios, a través del juego de su Providencia, hace caer miserablemente alguna esperanza humana que nuestra personal "medida de valores" había hecho quizá exorbitante, con el fin de impedir que pueda ocupar en nuestro corazón aquel sitio que sólo la gran esperanza de Dios debe llenar. Es menester entonces que nosotros sepamos seguir el juego de la Providencia y aprendamos a restablecer el verdadero orden de los valores en la escala de la esperanza. Dios nos ayudará eficazmente a calmar aquellas esperanzas humanas que, en obsequio al orden por Él establecido, no hemos vacilado en colocar en su justo puesto. Si, por el contrario, a esa quiebra por disposición divina de humanas esperanzas respondiéramos alejando pertinazmente de nosotros la gran esperanza de Dios, cavaríamos entonces con nuestras propias manos un foso de rebeldía y de desesperación.

No tengo necesidad de decirte, amigo mío, cuántas crisis de este género he conocido: también tú, en tu experiencia, habrás conocido muchas. Crisis de las que, a menudo, sólo vemos el aspecto humano exterior, y a las cuales damos el nombre de complejo o de neurosis, cuando su verdadera fisonomía es otra y su diagnóstico ha de ser de signo más espiritual, de contenido más profundo.

Una cosa es muy cierta: hasta que no poseamos y vivamos la verdadera virtud cristiana de la esperanza, faltará en nuestra vida la *firmeza* y viviremos en la *inestabilidad.* Pasaremos con extremada facilidad de la presunción, cuando todo vaya bien y nuestra vida progrese sin sacudidas y desilusiones, al desaliento que apuntará y se anidará en nuestro ánimo tan apenas vaya algo contra nuestras previsiones, choque contra nuestra susceptibilidad, descomponga nuestros programas y desilusione nuestras expectativas. La virtud de la esperanza que, si se la vive profundamente, es firmeza invencible y confiado abandono, en una constante fidelidad al deber, nos coloca precisamente por encima de tales fluctuaciones. ¿Te acuerdas de las palabras de Cristo a las encrespadas y amenazadoras aguas del mar de Galilea? *Tace, obmutesce,* calla, enmudece. Parecen representar la voz de la esperanza que, con su fuerza, impone silencio al tumulto interior del desaliento. *Et venit tranquillitas magna,* y sobrevino (prosigue el pasaje evangélico), una calma infinita. Éste es precisamente el fruto de la esperanza: la calma, la serenidad, la paz.

La esperanza, amigo mío, como nos enseñan los teólogos, da una certidumbre de tendencia: *spes certitudinaliter tendit in suum finem,* la esperanza tiende con certeza hacia su fin, afirma Santo Tomás. No obstante nuestros fracasos, nuestras contradicciones, nuestras culpas, debemos siempre esperar en Dios, que ha prometido su ayuda a los que se la pidan con humildad y con confiada perseverancia: *Petite et accipietis,* nos dijo; pedid y os será dado. ¿El qué? Los bienes temporales, condicionalmente, es decir, en la medida en que sean útiles a nuestra salvación eterna; las gracias necesarias, sin condiciones; y no sólo la gracia, sino el Espíritu Santo, *altissimum donum Dei,* don altísimo de Dios. Y aquí vuelven espontáneamente a nuestra mente las palabras de Jesús a la mujer samaritana: *Si scires donum Dei...,* si conocieras el don de Dios...: si de verdad conociéramos y comprendiésemos por entero el don de Dios, invocaríamos con mucha frecuencia al Espíritu Santo, y pediríamos confiados todo lo que nos hace falta para no desviarnos del camino recto y para alcanzar sin caídas y sin demoras nuestro último fin.

La batalla de la esperanza cristiana hemos de afrontarla cada día: *Dominus regit me et nihil mihi deerit,* el Señor me gobierna y nada ha de faltarme, plenamente conscientes (porque esto forma parte de la misma virtud teologal de la esperanza) de que ella no descansa sobre nuestros méritos o virtudes, sino sobre la misericordia y omnipotencia de Dios. A la luz de la esperanza, en efecto, Dios nos aparece más que nunca *non aestimator meriti, sed veniae largitor,* no como apreciador de méritos, sino como perdonador de nuestras culpas, según repetimos todos los días en una de las oraciones de la Santa Misa con que nos disponemos a la Comunión. Hemos de apoyarnos sobre las fuerzas que nos vienen de esta virtud teologal y aprender así a combatir los impulsos de desaliento que estorban nuestro camino cotidiano hacia la perfección evangélica; debemos aprender a resistir, también a diario, las mordeduras del pesimismo, las cuales tienden a exacerbarse con el desastre del tiempo y la monotonía de la vida. En tales estados de ánimo hay algo que vuelve a evocar a nuestra memoria, con su fuerza callada y un poco melancólica, a dos figuras evangélicas: las de la mujer encorvada *(mulier inclinata)* y el hombre de la mano derecha anquilosada, dos figuras que, por el abatimiento, el cansancio y la inactividad que denuncian, son particularmente aptas para expresar los efectos producidos en el ánimo humano por esas enfermedades morales que se llaman pesimismo y desaliento, y que no son otra cosa que la carencia de la virtud de la esperanza.

Debemos impedir, además, y con no menor impulso, que el pesimismo y el desaliento penetren, con su trágico peso de esterilidad, en nuestra vida de apostolado. El apostolado cristiano reclama esfuerzo continuado, perseverante tenacidad y fe inquebrantable en las gracias del Señor y en la misión por Él confiada a cada hombre. Para que ninguno de los anillos de esta cadena pueda despedazarse, es necesaria esa fortaleza que deriva de la esperanza cristiana y que enseña al hombre bien templado en la lucha del apostolado a saber siempre volver a empezar desde un principio. Válganos el ejemplo de la tenacidad del apóstol Pedro, en el episodio de la pesca milagrosa: no se siente retenido por toda una noche de trabajo transcurrida en vano (*totam noctem laborantes nihil cepimus,* hemos trabajado toda la noche y nada hemos cogido), sino que se declara bien dispuesto a poner nuevamente mano en su trabajo, en obsequio a las palabras de su Señor (*in verbo autem tuo laxabo rete,* volveré a echar la red en tu nombre).

Pero no sólo debemos tratar de adueñarnos de nosotros mismos con la fuerza de la esperanza cristiana: hace falta que sepamos infundir en los demás la confianza y la serenidad, dando vida a un verdadero y propio apostolado de la confianza, según el ejemplo de los anónimos amigos de aquel ciego del que habla San Lucas en su Evangelio, el cual fue animado por ellos a responder a la llamada del Señor, con estas hermosas palabras: *Animaequior esto: surge, vocat te;* ¡ten buen ánimo; levántate, te llama!

La esperanza cristiana conduce a las almas al abandono: quien de verdad espera en el Señor, es, en efecto, siempre fiel a la voluntad significada de Dios (fidelidad que entra en el ámbito de la virtud de la obediencia) y dispone así eficazmente su ánimo para el abandono ante la voluntad de beneplácito de Dios. Pero este perfecto abandono, al que conduce la virtud de la esperanza, difiere profundamente —lo sabes bien— del "quietismo", precisamente porque el abandono, cuando es verdadero, está acompañado por la esperanza y por la constante fidelidad a los deberes de cada día, hasta en las pequeñeces de cada momento. La esperanza, en efecto, no deja al margen al cristiano: lo compromete con todas sus fuerzas y con todas sus posibilidades, le obliga a continuar a perseverar en su camino incluso cuando se han hundido todos los apoyos humanos; antes bien, entonces es sobre todo cuando la verdadera esperanza en Dios se afirma en toda su grandeza. Aquel es el momento de esperar a pesar de todo (*contra spem in spem credidi,* contra la esperanza, creí en la esperanza, afirma victorioso San Pablo), momento que es siempre un momento de Dios, un momento que Él reserva a las almas particularmente amadas.

La esperanza, hermano mío, no debe ser nunca un cómodo sustitutivo de nuestra pereza. Nos lo recuerda el Señor, en dos milagros realizados por Él: cuando (*initium signorum,* comienzo de los signos), en Caná de Galilea transformó el agua en vino, y cuando ante grandes multitudes multiplicó los panes y los peces. Tanto en uno como en otro milagro, la omnipotencia del Señor intervino cuando todas las posibilidades humanas estaban agotadas, cuando los hombres habían hecho todo lo que podían hacer: el agua no se transformó en vino sino cuando los fieles siervos hubieron colmado las cubas de agua, *usque ad summum,* hasta los bordes, y antes de multiplicar los panes y los peces, el Señor pidió el sacrificio total de todos sus medios de subsistencia, es decir, de los panes y los peces que ellos tenían; y no importaba que fueran pocos, pues lo importante era que diesen todo lo que tenían. Para empezar a vivir la virtud de la esperanza, no nos queda así más que invocar el auxilio de nuestra Madre celestial, de aquella que es *spes nostra,* esperanza nuestra. *Mater mea, fiducia mea,* ¡Madre mía, confianza mía!

Humildad

> La verdad está en el entendimiento —decía Santo Tomás— en cuanto éste se conforma con el objeto conocido; y se podría añadir que, si el hombre no es humilde, le resultará difícil conocer y aceptar la verdad tal como es, con toda su extensión y sus exigencias.
>
> J. Escrivá de Balaguer, 24-X-1965.

Muchas veces he pensado y ahora aprovecho la ocasión para decirlo por escrito, que la virtud de la humildad se resiente del valor del nombre que lleva y de las realidades que encierra.

Ninguna otra virtud es, en efecto, tan menospreciada y tan poco y mal conocida, tan ignorada y tan deformada, como esta virtud cristiana. La virtud de la humildad es una virtud humillada.

Y no sé si le hace más daño el olvido en que la deja el mundo, las burlas y el escarnio con que muchos la acogen, o la falsía y la poca elegancia con que algunos la presentan.

Me parece, amigo mío, que es verdaderamente necesario que nosotros los cristianos conozcamos mejor esta virtud y sintamos profundamente su importancia; que luchemos por conquistarla y por vivirla rectamente, para presentarla de este modo con su verdadera fisonomía a los ojos de un mundo enfermo de vanidad y de soberbia. A este apostolado del buen ejemplo, tan eficaz y olvidado, debemos tú y yo sentirnos invitados por Jesucristo, cuando dice: *Discite a Me quia mitis sum et humilis corde,* aprended de Mí que soy manso y humilde de corazón. Humildes de corazón: así nos quiere el Señor, con aquella humildad que nace del corazón y da fruto en las obras. Porque la otra humildad, que nace y muere en los labios, es falsa; es una caricatura. Palabras, actitudes, modos, no pueden por sí solos crear una virtud; pero sí deformarla.

La inteligencia debe abrirnos el camino del corazón y ayudarnos a depositar allí, con efecto, la buena semilla de la verdadera humildad, que, con el tiempo y la gracia de Dios, echará raíces profundas y dará sabrosos frutos.

La humildad verdadera, amigo mío, empieza en el punto luminoso en que la inteligencia descubre y admite, con la fuerza necesaria para que el corazón pueda amarla, esa verdad fundamental, simple y profunda, del *sine Me nihil potestis facere,* sin Mí no podéis hacer nada.

Debemos aprender a partir, con nuestras manos soberbias, el pan blanco de la verdad evangélica y distribuirlo ante nuestros ojos ofuscados, que tienen en tan gran estima nuestro "yo" y nuestras cualidades.

¡Escúchame! Todos nuestros esfuerzos para llegar a ser mejores y para crecer en el amor de Jesús y en la práctica de las virtudes evangélicas, serán vanos si su gracia no nos ayuda: *nisi Dominus aedificaverit domum, in vanum laborant, qui aedificant eam,* si el Señor no edifica la casa, en vano se cansan quienes la construyen.

La más atenta y constante vigilancia es también perfectamente inútil sin la custodia fuerte y amorosa de su gracia: *nisi Dominus custodierit civitatem, in vanum vigilat custos,* si el Señor no custodia la ciudad, es inútil la vigilancia del centinela.

Nada pueden así nuestras palabras y nuestras acciones, cuando pretendemos servirnos de ellas para hacer bien a las almas. Nuestro apostolado y nuestra fatiga, sin el agua pura de su gracia, son una agitación estéril: *neque qui plantat est aliquid, neque qui rigat, sed qui incrementum dat, Deus,* no cuenta el que planta o el que riega, sino Dios Nuestro Señor, que da el incremento.

Pero esta gracia que no es necesaria para mejorar en la virtud, para resistir a las tentaciones y para que nuestro apostolado sea fecundo, el Señor la concede a los que son humildes de corazón: *Deus superbis resistit humilibus autem dat gratiam,* Dios resiste a los soberbios y da su gracia a los humildes.

El señor, que con suma bondad y con vigilancia llena de delicadeza, distribuye copiosamente su gracia, no se sirve de los soberbios para llevar a cabo sus designios: teme que se condenen. Pues si los utilizase, ellos hallarían en esta gracia, según sus costumbres, un nuevo motivo de soberbia y, en tal vanagloria, la causa de un nuevo castigo.

La humildad, amigo mío, nos lo enseñan los santos, es la verdad. ¡Qué gran motivo para aceptarla y vivirla! *Noverim me!* ¡Que yo me conozca, Señor! Este conocimiento íntimo y sincero de nosotros mismos nos elevará de la mano hacia la humildad.

Déjame que te diga —pues me lo he dicho muchas veces a mí mismo— que no eres nada: la existencia la has recibido de Dios, nada tienes que no hayas recibido de Él; tus talentos, tus dones, de naturaleza y de gracia, son precisamente esto: dones; ¡no lo olvides! Y la gracia es gracia y fruto de los méritos del Salvador.

Pero a esta nada que tú eres, amigo mío, tú has añadido el pecado, pues has abusado muchas veces de la gracia de Dios, por maldad o, por lo menos, por debilidad.

Y a estas dos realidades has añadido una tercera, más triste que las primeras: la de que siendo nada y pecado... has vivido de vanidad y de orgullo.

Nada..., pecado..., orgullo. ¡Qué fundamento tan seguro para nuestra humildad, para que ésta sea ciertamente humildad verdadera, humildad de corazón.

El soberbio y el incrédulo tienen algo más en común de cuanto parece. El incrédulo es un ciego que atraviesa el mundo y ve las cosas creadas, sin descubrir a Dios. El soberbio descubre y ve a Dios en la naturaleza, pero no logra descubrirlo y verlo en sí mismo.

Si descubres a Dios en ti mismo serás humilde y atribuirás a Él todo lo que de bueno haya en ti: *Quid habes quod non accepisti?* ¿Qué tienes que no hayas recibido? No cerrarás neciamente los ojos sobre ninguna de las virtudes o de las cualidades que existen en tu alma, porque sabes que vienen de Dios y que un día Él te pedirá cuenta de ellas. Te esforzarás para que den fruto: no sepultarás ninguno de tus talentos. Y conservando el mérito de las obras buenas, sabrás dar a Dios la gloria de ellas: *Deo omnis gloria!* ¡Para Dios toda la gloria! La vana complacencia no hallará sitio en tu alma humilde.

A través del camino abierto por la humildad la paz de Dios entrará en tu alma. Hay una promesa divina: *Discite a Me quia mitis sum et humilis corde et invenietis requiem animabus vestris.* Aprended de Mí, que soy manso y humilde de corazón, y hallaréis la paz para vuestras almas. Un corazón sincero y prudentemente humilde no se turba de nada. Estáte seguro, amigo mío, de que, casi siempre, la causa de nuestras turbaciones y de nuestras inquietudes está en la preocupación excesiva por la propia estima o en el inquieto anhelo de la estimación de los demás.

El alma humilde pone la propia estimación y el deseo de la estimación ajena en las manos de Dios. Y sabe que allí estarán seguras.

Saca, pues, fuerza de la humildad para decir al Señor: si a Ti no sirven, tampoco yo sé qué hacer de ellas. Y en este generoso abandono hallarás la paz prometida a los humildes.

Que la humildad de María, hermano mío, nos sirva de consuelo y de modelo.

Mansedumbre

> Como el hidalgo de la Mancha, ven gigantes donde no hay más que molinos de viento; se convierten en personas malhumoradas, agrias, de celo amargo, de modales bruscos, que no encuentran nunca nada bueno, que todo lo ven negro, que tienen miedo a la legítima libertad de los hombres que no saben sonreír.
>
> J. Escrivá de Balaguer, 16-VI-1933.

Amigo mío, tú que conoces la vida del Señor sabes perfectamente que Jesucristo quiso unir en esa misma página del Evangelio la mansedumbre y la humildad. Nos lo recuerda ahora con su voz amiga y con palabras claras: *Discite a Me quia mitis sum et humilis corde et invenietis requiem animabus vestris*, aprended de Mí, que soy manso y humilde de corazón, y hallaréis paz para vuestras almas.

La mansedumbre y la humildad son, como ves, dos virtudes que deben permanecer unidas en nuestro corazón, dos hermanas que viven la misma vida, dos metales preciosos que se funden completándose: uno con su solidez, el otro con su raro esplendor. Dos aspectos muy positivos y muy viriles de nuestra vida interior, pues con la humildad ganamos el corazón de Dios, y con la dulzura atraemos a nuestros hermanos y conquistamos sus corazones.

Ahora que meditamos en presencia de Dios, quiero decirte que esta virtud es para todos, luego también para ti. A todos nos es muy necesaria, puesto que la vida es una continua relación con los demás, una convivencia, una serie de relaciones, la ocasión de encuentros de todo género. Tu familia, tus hermanos, tus amigos; tus relaciones profesionales y sociales; tus superiores, tus iguales, tus subordinados: es ahí donde te espera el Señor. En todas esas convivencias, relaciones y encuentros ha de resplandecer tu mansedumbre cristiana.

Si sabes ungir, amigo mío, tu carácter con la fuerza y el vigor de estas virtudes, tu corazón se asemejará al corazón de Cristo: *Mitis sum et humilis corde,* soy manso y humilde de corazón.

El sacerdote debe ser manso para llevar al trato con las almas la caridad y la paciencia cristiana y ser, de este modo, eficaz; la madre cristiana asegurará la educación, fuerte y duradera, de sus hijos si sabe ejercitarse en la mansedumbre; en la intimidad de la familia reinará la paz si esta virtud se ha afirmado en las relaciones mutuas; y si en las relaciones profesionales y sociales apareciese la mansedumbre, serían muy distintas, y muchos que buscan en vano la paz por otros caminos, no tardarían en hallarla.

Todos propendemos a creer que es mejor y más fácil hacer el bien a gritos y con órdenes perentorias, que la educación se asegura con amenazas y con brusquedades de modales, que el respeto se obtiene con sólo levantar la voz y usar de maneras autoritarias.

¿Qué sitio dejamos, entonces, en nuestra vida, a la mansedumbre cristiana? ¿Para qué nos la ha recomendado Jesús en el Evangelio?

¡Cuántas veces, amigo mío, no habrá respondido la vida misma a esas preguntas, enseñándonos que la eficacia se esconde casi siempre tras la mansedumbre de Cristo! Y que el bien es el fruto que recogen quienes buscan y saben hallar palabras claras y amables, las usan en un discurso sereno y persuasivo y las ungen con el bálsamo de los buenos modales.

¡En cuántas ocasiones nos ha hecho comprender la experiencia que las correcciones y los reproches, hechos sin mansedumbre cristiana, han cerrado el corazón de la persona que los debía recibir, para que no hayamos de olvidar nunca que cuando dejamos de ser padre, hermano o amigo para nuestro prójimo, todo lo que se sale de nuestros labios lleva consigo fatalmente el germen de la esterilidad!

Procura siempre por medio de la mansedumbre cristiana, que es amabilidad y afabilidad, tener en tus manos los corazones de las personas que la Providencia Divina ha puesto en el camino de tu vida y ha recomendado a tus cuidados.

Pues si pierdes el corazón de los hombres, difícilmente podrás iluminar sus inteligencias y obtener que sus voluntades sigan el camino que les indiques.

Amigo mío, tú que sientes en tus brazos y en tu corazón la responsabilidad de otras almas, el peso de otras vidas, nunca pierdas de vista que la confianza no se impone: se inspira. Y sin la confianza de las personas que te rodean, que colaboran contigo y que te sirven, ¡qué amarga resultará tu vida y qué infecunda tu misión!

La madre cristiana comprenderá muy bien estas palabras si piensa en la educación de sus hijos; el sacerdote, si medita sobre el bien de las almas por él dirigidas y las de sus colaboradores; y también las entenderá el director de una oficina o de una fábrica, si se para a pensar en la tranquilidad de sus empleados y de sus subalternos.

Tu mal carácter, tus exabruptos, tus modales poco amables, tus actitudes carentes de afabilidad, tu rigidez (¡tan poco cristiana!), son la causa de que te encuentres solo, en la soledad del egoísta, del amargado, del eterno descontento, del resentido, y son también la causa de que a tu alrededor, en vez de amor, haya indiferencia, frialdad, resentimiento y desconfianza.

Es necesario que con tu buen carácter, con tu comprensión y tu afabilidad, con la mansedumbre de Cristo amalgamada a tu vida, seas feliz y hagas felices a todos los que te rodean, a todos los que te encuentren en el camino de la vida. A tu paso debes dejar el buen aroma de Cristo —*bonus odor Christi*—: tu sonrisa habitual, tu calma serena, tu buen humor y tu alegría, tu caridad y tu comprensión. Debes asemejarte a Jesús que *pertransiit benefaciendo,* que pasó haciendo el bien.

Quienes no conocen la mansedumbre de Cristo dejan tras de sí una polvareda de descontento, una estela de animosidad y de dolorosas amarguras, una secuela de heridas sin cicatrizar; un coro de lamentos y una cantidad de corazones cerrados, por un tiempo más o menos largo, a la acción de la gracia y a la confianza en la bondad de los hombres.

Pregúntate a ti mismo, amigo mío, en un sincero y luminoso examen de conciencia, que has dejado hasta este momento tras de ti: los que te han considerado padre, hermano o amigo; los que te han tratado como superior, jefe o compañero; todos éstos, ¿qué han recibido de ti? ¿Qué ha quedado en sus almas después de haberte encontrado?

A ti, amigo mío, que concebiste toda tu vida en función del apostolado, no puedo por menos de recordar lo que prometió Jesús en una de las bienaventuranzas: *Beati mites, quoniam ipsi possidebunt terram,* bienaventurados los mansos, porque ellos poseerán la tierra. Ser dulces, ser mansos, es poseer la tierra, y ésta es la primera condición para dar gloria a Dios y llevar la paz a los hombres.

Si tú y yo que queremos que nuestra vida se consuma toda en la práctica del bien, no sabemos poseer la tierra, atrayendo los corazones, ¿cómo podremos llevarlos a Dios?

Antes de querer hacer santos a todos aquellos a quienes amamos es necesario que les hagamos felices y alegres, pues nada prepara mejor el alma para la gracia como la leticia y la alegría.

Tú sabes ya —sólo quiero recordártelo— que cuando tienes entre las manos los corazones de aquellos a quienes quieres hacer mejores, si los has sabido atraer con la mansedumbre de Cristo, has recorrido ya la mitad de tu camino apostólico. Cuando te quieren y tienen confianza en ti, cuando están contentos, el campo está dispuesto para la siembra. Pues sus corazones están abiertos como una tierra fértil, para recibir el blanco trigo de tu palabra de apóstol o de educador.

Si sabes hablar sin herir, sin ofender, aunque debas corregir o reprender, los corazones no se te cerrarán. La semilla caerá, sin duda, en tierra fértil y la cosecha será abundante. De otro modo tus palabras encontrarán, en vez de un corazón abierto, un muro macizo; tu simiente no caerá en tierra fértil, sino al margen del camino *—iuxta viam—* de la indiferencia o de la falta de confianza; o en la piedra *—super petram—* de un ánimo mal dispuesto; o entre las espinas *—inter spinas—* de un corazón herido, resentido, lleno de rencor.

No perdamos nunca de vista que el Señor ha prometido su eficacia a los rostros amables, a los modales afables y cordiales, a la palabra clara y persuasiva que dirige y forma sin herir: *beati mites quoniam ipsi possidebunt terram,* bienaventurados los mansos, porque ellos poseerán la tierra. No debemos olvidar nunca que somos hombres que tratamos con otros hombres, aun cuando queramos hacer bien a las almas. No somos ángeles. Y, por tanto, nuestro aspecto, nuestra sonrisa, nuestros modales, son elementos que condicionan la eficacia de nuestro apostolado.

No podemos terminar sin pedir a María *Mater amabilis,* Madre que ha de ser amada, que nos mire con sus ojos misericordiosos: *illos tuos misericordes oculos ad nos converte.* Pues bajo la mirada de una Madre tan cariñosa comprenderemos muy bien el valor, la necesidad y la eficacia de la mansedumbre cristiana.

Las humillaciones

> Dios ensalza en lo mismo que humilla. Si el alma se deja llevar, si obedece, si acepta la purificación con entereza, si vive de la fe, verá una luz insospechada, ante la que después pensará asombrado que antes ha sido ciego de nacimiento.
>
> J. Escrivá de Balaguer, 24-III-1931.

Si la paciencia es la vía que conduce a la paz y el estudio el sendero que conduce a la ciencia, la humillación es el único camino que conduce a la humildad.

Sobre esta última consideración discurriremos ahora tú y yo, después de habernos quedado solos con Dios nuestro Señor.

Si queremos una verdadera y auténtica vida espiritual, nos hace falta una preocupación muy actual y muy firme de humildad. Y esta preocupación de humildad nos lleva a preguntarnos cómo hemos de reaccionar, para sacar el mayor fruto posible en nuestra vida espiritual, ante las humillaciones que el Señor nos hace sentir en lo más profundo de nuestra alma y ante las que nos pone en el camino de nuestro trabajo.

Hay momentos —momentos delicados— en la vida espiritual, en los cuales el alma se siente profundamente humillada. Iluminaciones muy concretas y muy claras de Dios nuestro Señor descubren y subrayan cuanto de más humillante puedan tener nuestras miserias y nuestras deficiencias, nuestras inclinaciones, nuestras imperfecciones y nuestros defectos.

Los ojos de nuestra alma se abren sobre aquello que, sin querer, somos; sobre aquello que, sin querer, sentimos; y sobre aquello que, a pesar de detestarlo, nos atrae. Muchos defectos tal vez desconocidos hasta entonces aparecen, con perfiles claros y precisos, ante la mirada atónita del alma. Y los fracasos y deficiencias que nuestra vida conoció invaden impetuosamente el campo de nuestra conciencia.

En circunstancias de mayor recogimiento, en día de retiro, en periodo de ejercicios espirituales, es fácil que nuestro Señor ponga a las almas en este camino para hacer que crezcan en la humildad y que ahonden en el conocimiento de sí mismas.

En tales momentos, en tales circunstancias, acuérdate, amigo mío, de la frase que ahora te digo: *Digitus Dei est hic!* ¡Aquí está el dedo de Dios! No olvides que el amor que Dios siente hacia ti es el que te da estas luces de conocimiento de ti mismo, este sentimiento de lo que has sido o de lo que eres, esta humillación cuya intensidad ha de empujar a tu alma por el camino de la humildad. No olvides que el Señor reserva este trato para aquellos a quienes ama más: *Ego quos amo et arguo*, Yo reprendo y corrijo a cuantos amo.

Por eso, amigo mío, nuestra reacción sobrenatural ante esta humillación ha de ser la de un acto de profunda acción de gracias: *gratias Tibi quia humiliasti me,* gracias te doy, Señor, porque me humillaste. Esta humillación interior, este fracaso exterior, dejarán tu alma impregnada de humildad y darán a tu vida una mayor santidad, y es muy probable que una eficacia insospechada a tu actividad.

Pero no pienses que eres peor ahora que ves lo que antes no veías, ahora que sientes profundamente lo que antes no sentías, ahora que has tenido ocasión de conocer una deficiencia de tu carácter, de tu formación y de tus actitudes. No eres peor; eres mejor o, por lo menos, estás en óptimas condiciones para mejorar. Has recorrido en esos momentos —¡si sabes aprovecharlos!— la mitad del camino, porque sabes dónde está el mal que debes eliminar, porque conoces el defecto que debes combatir y conoces también las precauciones que debes tomar para evitar sorpresas.

¿Cuál debe ser, pues, nuestra disposición espiritual y nuestra reacción sobrenatural ante estas humillaciones internas y ante estos fracasos externos que amenazan la paz y la tranquilidad de nuestra vida interior?

Nuestra primera reacción frente a todo esto ha de ser una reacción de humildad. Aceptar la humillación o el fracaso con verdadera humildad, con la que se llama humildad de corazón, porque en él tiene sus raíces y de él saca toda su fuerza. Y no sólo aceptar la humillación, sino amarla, amar nuestra propia miseria y llegar por ese camino a dar gracias al Señor porque ha hecho que nos conozcamos tal como somos en realidad.

Evitaremos, por consiguiente, todo lo que sea o sepa a rebeldía interior contra estas humillaciones o fracasos. ¡Qué falta de humildad de corazón demostraríamos si nos rebelásemos contra ese estado de humillación, en el que la bondad y la Providencia de Dios quieren poner a nuestra alma para que madure y se una más a Él!

No sólo debes impedir esa rebeldía, sino que debes también evitar con cuidado toda justificación ante ti mismo y ante los demás.

Las fáciles y abundantes justificaciones que, si no eres verdaderamente humilde, hallarás para alimentar tu soberbia, que surge en defensa del alto concepto que tienes de ti mismo, cortarán al nacer todos los frutos de humildad y de eficacia que Dios reservaba a tu alma. ¡No te justifiques! ¡No te justifiques ante tu alma sola y humillada! Ahoga en la humildad ese razonamiento soberbio que ha de cerrar, en apariencia, una herida mal cicatrizada. Ten la valentía de desperdiciar este contraataque del orgullo que quiere recuperar las posiciones que perdió tu amor propio. Vuelve la espalda y el rostro a la insidiosa carica de la soberbia. Persuádete de que ésta es la hora de Dios. *Ama nesciri et pro nihilo reputari,* gusta de que no te comprendan y de que te tengan por nada.

Pero tampoco debes desalentarte ante la humillación. Éste es el último escollo que tu psicología tiene que superar para que no quede ningún complejo en tu carácter, ni limitación alguna en tu capacidad de trabajo y de servicio de Dios. El bálsamo de optimismo y de la confianza obrará de modo que la herida —cauterizada por la humildad— cicatrice perfectamente y se

Malicioso, dañino, con apariencias inofensivas

transforme en un trofeo de gloria. La desconfianza y el desaliento provocarían un terrible daño a tu lucha ascética y a tu vida de apostolado.

Después de haber reaccionado con humildad de corazón y de haber evitado, también con humildad, los escollos que acabo de indicarte, nos volveremos a levantar, amigo mío, con gran confianza. ¡Qué buen punto de partida para nuestra confianza esta humillación aceptada con humildad!

Sintamos con San Pablo la fuerza y el empuje de la virtud de la esperanza que, como el viento del mar, hincha las velas de la nave de nuestra vida interior: *Cum infirmor tunc potens sum,* cuando soy más débil, es cuando soy más fuerte. Ahora que soy más consciente de mi debilidad podré apoyarme eficazmente en la fortaleza de Dios. Pues esta esperanza volverá a despertar el adormecido amor y hará, amigo mío, que hallemos palabras apropiadas para expresarlo al Señor. Y no conozco palabras más apropiadas para ese momento espiritual que las de Pedro a Cristo, palabras de amor contrito y confiado, en su primer encuentro después de la triple negación: *Domine, tu omnia noscis, tu scis quia amo Te!;* Señor, Tú lo sabes todo, Tú sabes que te amo. Tú sabes, ¡oh Señor!, que te amo a pesar de todas las cosas y sobre todas las cosas. Y el peso que nos oprimía desaparece y de la humillación no queda otra cosa que humildad, experiencia, confianza y amor.

La humildad y la confianza llevan de la mano a nuestra alma hacia la alegría y la decisión. ¡Cuántos son los recursos de la humildad! Nuestras fuerzas han aumentado, nuestra decisión se ha hecho más firme y más prudente. La alegría arranca entonces a nuestra alma las alborozadas palabras de San Pablo: *Libenter gloriabor infirmitatibus meis,* me gloriaré gustosamente en mis debilidades. Y la decisión se concreta en aquellas otras palabras del Doctor de las Gentes: *Omnia possum,* ¡todo lo puedo!

El coloquio con la Virgen María, que es toda humildad, surge tan espontáneo que prefiero no escribirlo: prefiero que tu alma y la mía lo tengamos con Ella a solas.

La ruta del orgullo

> Ya habéis oído decir que el mayor negocio del mundo sería comprar a los hombres por lo que realmente valen, y venderlos por lo que creen que valen. Es difícil la sinceridad. La soberbia violenta, la memoria la oscurece: el hecho se esfuma, o se embellece, y se encuentra una justificación para cubrir de bondad el mal cometido, que no se está dispuesto a rectificar; se acumulan argumentos, razones, que van ahogando la voz de la conciencia, cada vez más débil, más confusa.
>
> J. Escrivá de Balaguer, 24-III-1931.

Existe un camino que no es, ciertamente, el de la salvación, ni el de la felicidad, y por el cual —ello no obstante— solemos adentrarnos los hombres con gran facilidad. Es la ruta del orgullo. Déjame pues, amigo mío, que a propósito de ella, te confíe algún pensamiento y alguna reflexión, de modo que aprendamos juntos a reconocerla desde el primer instante y a evitarla siempre.

La ruta del orgullo tiene un principio bastante triste, porque comienza con la negación de Dios en nuestras almas y en nuestras vidas. Alguien ha hecho notar, a este respecto, con gran agudeza, que el ateo y el orgulloso tienen muchos puntos en común. El ateo, en efecto, se niega a admitir la existencia de Dios al través de la prueba de la creación y de las criaturas; no ve a Dios nuestro Señor en lo creado. Y el orgulloso se niega a reconocer a Dios en su alma y en su vida: no vislumbra a Dios nuestro Señor en los dones de la naturaleza y de gracia que enriquecen su personalidad y fructifican en su vida.

El orgullo, en realidad, no es más que una estimación desordenada de las cualidades propias y de los propios talentos. No es más que la idea desmesurada y desordenada que nos hemos formado de nosotros mismos. Cultivamos voluntariamente y con una especie de interior circunspección este alto concepto de nuestro propio ser, y no admitimos ninguna sombra, por pequeña que sea, ni referencia alguna a otras personas y no soportamos ningún reproche o corrección. Atribuimos a nosotros mismos —olvidándonos por completo de Dios nuestro Señor— todo lo que somos y todo lo que valemos. Y al obrar así, excluimos a Dios y a los demás de nuestra vida: tan sólo *yo* importo, dice obstinadamente el orgulloso, contemplándose complacido y meciéndose con presunción a sí mismo.

En las almas que siguen la ruta del orgullo, no encuentran eco alguno aquellas palabras de San Pablo: *Quid habes, quod non accepisti?*, ¿qué tienes de tuyo que no hayas recibido? Y ni siquiera se rinden estas almas ante aquellas otras palabras, que completan el razonamiento del Apóstol: *Quid gloriaris quasi non acceperis?*, ¿por qué te jactas, como si no hubieses recibido todo lo que posees?

Si existe un camino que haga complicadas a las almas, ésta es la ruta del orgullo. La ruta del orgullo es un laberinto en el que las almas se desorientan y se pierden. El orgullo destruye la simplicidad de las almas, aquel ser y aparecer sin pliegues —*sine plicis*— que es una encantadora característica de las personas humildes.

¡Cuántos pliegues se forman, por el contrario, en el alma contaminada por el orgullo! Este pecado capital, en efecto, induce —cada vez más avasalladoramente— a replegarse de continuo sobre sí mismo: a volver infinitas veces y a demorarse con el pensamiento sobre los propios talentos, sobre las propias virtudes, sobre los propios éxitos y sobre aquella cierta ocasión o circunstancia en la que se triunfó. Y esto es el mundo, vacío y mezquino, de la vana complacencia.

Del mundo interior se pasa al mundo exterior: la ruta del orgullo continúa su progresión implacable. Todo aquello que estas personas han construido dentro de sí, desean ahora edificarlo a su alrededor. Y aunque el Señor dijo: *Gloria mea alteri non dabo,* no daré mi gloria a otros, el alma orgullosa responde a ese mandato divino apropiándose, posesionándose, de dicha gloria.

Esta desgraciada ruta jamás puede pasar por el Señor. Nada ni nadie podrá hacer decir a las almas que han tomado este camino: *Gratia Dei sum id quod sum,* sólo por gracia divina soy lo que soy. Su mirada y su pensamiento jamás se levantarán, por encima de sus propias cualidades y de sus propios éxitos, hasta Dios nuestro Señor, para darle gracias por su bondad. La mirada y el pensamiento de estas almas se demora siempre a ras de tierra. La ruta del orgullo empieza con la exclusión de Dios y con el repliegue sobre uno mismo.

El horizonte del orgulloso es terriblemente limitado: se agota en él mismo. El orgulloso no logra mirar más allá de su persona, de sus cualidades, de sus virtudes, de su talento. El suyo es un horizonte sin Dios. Y en este panorama tan mezquino ni siquiera aparecen los demás: no hay sitio para ellos.

El alma que sigue esta ruta, por el elevado concepto que se ha forjado de sí misma, nunca pide consejo a nadie y de nadie acepta nunca consejos. Se basta a sí misma. Vive aferrada al propio juicio y a la propia voluntad hasta la tozudez, e ignora voluntariamente, hasta el desprecio, cualquier opinión o convicción que no sea la suya.

El desprecio por el prójimo es, por tanto, una actitud frecuente, y a menudo habitual, en las personas que siguen esta ruta. Se han convertido íntimamente en fariseos y consideran a los demás como publicanos, reproduciendo continuamente en sus vidas la escena y las actitudes de la parábola evangélica: *Gratias ago Tibi, quia non sum sicut ceteri hominum,* gracias te doy porque no soy como los demás hombres. Los *demás* existen sólo como término de parangón, para que el orgulloso pueda exaltarse mientras los desprecia.

Las personas que van por este camino no soportan que haya nadie superior a ellas. Ésta es una posibilidad que no puede verificarse, ni siquiera en el mundo de las hipótesis. Los *demás* no pueden tener más función que la de exaltar a estas personas: deben estar por debajo de ellas. Los defectos de los demás deben servir para poner en evidencia y para subrayar sus propias virtudes. Los errores de los demás deben servir para poner de relieve su sabiduría y destreza; y la escasa inteligencia ajena, para hacer resplandecer su gran valía. Y aquí está la raíz de las envidias, de los celos y ansiedades que acompañan la vida de todos aquellos que siguen la ruta del orgullo.

Pero este desgraciado camino no acaba aquí. De la envidia se pasa a la enemistad. ¡Y cuántas no son las enemistades que tienen su origen —extraño origen— en la envidia! Personas hay que se ven despreciadas, odiadas y combatidas sólo porque son mejores o más inteligentes que sus perseguidores. Se han hecho culpables del gran delito de ser buenas o inteligentes, o de haber trabajado mucho. Y este delito se combate y se castiga —en la ruta del orgullo— con la frialdad, la enemistad, el silencio y la calumnia.

No perder el puesto, no ceder las armas: quien se encamina por esta dirección suele recurrir a la ficción y a la hipocresía. Simula lo que no es, exagera lo que posee. Todo es lícito, todo es bueno, en este maldito camino, a condición de que uno sea el primero y el mejor ante uno mismo y en la estimación de los demás.

Para mantenernos siempre lejanos de este camino, y para salir fuera de él si por él nos hubiéramos adentrado, pidamos a la Virgen —Maestra de la humildad— que nos haga comprender que *initium omnis peccati est superbia,* que el principio de todo pecado es el orgullo.

Celibato y castidad

> ...nuestra castidad es una afirmación gozosa, una consecuencia lógica de nuestra entrega al servicio de Dios, de nuestro amor.
>
> J. Escrivá de Balaguer, 24-III-1931.

La castidad, amigo mío, la castidad perfecta, de la que voy a hablarte ahora, es el reverso de la medalla del amor. Un sencillo ejemplo, tomado del amor humano, nos ayudará a comprender y a profundizar el sentido que esta virtud ha de tener para nosotros. Cuando en el mundo se ama de verdad a una persona, y se la ama hasta el punto de quererla como compañera de toda la vida, este amor es y debe ser necesariamente exclusivo: este amor ocupa plenamente el corazón y la vida de la persona, y, lógicamente, excluye otros amores incompatibles con él.

Pues con ese mismo corazón con que amamos en el mundo y a las personas del mundo, hemos de amar a Dios nuestro Señor: y ese mismo corazón que damos a los amores nobles y limpios de la tierra es el que hemos dado a Jesús nosotros, los que hemos ido tras Él, renunciando con alegría a otros afectos, que, por el hecho de ser humanos, no dejan de ser grandes.

Los que corrieron tras un amor terreno tenían los ojos abiertos y tienen el corazón lleno; y nosotros, los que hemos corrido tras un amor del cielo, teníamos también los ojos abiertos y tenemos lleno el corazón. Y este amor de Dios que se concreta en el celibato y en la castidad perfecta es también exclusivo y prohíbe cualquier otro amor que sea incompatible con él.

Nihil carius Christo, nada ni nadie es más amable que Jesucristo, proclamó ya San Pablo y siguen repitiendo todos los que para seguir más de cerca a Jesucristo han renunciado a todos los bienes de la tierra, incluidos los lícitos. Y con San Pablo también, en la valoración de las cosas humanas, han repetido y repiten: *Omnia arbitror ut stercora ut Christum lucrifaciam,* todas las cosas de la tierra son nada, cuando se trata de ganar a Cristo.

Miremos, hermano mío, al celibato y al amor por la castidad perfecta como a exigencias, para ti y para mí, del amor de Jesucristo. Nuestra alma, nuestro corazón y nuestro cuerpo son suyos, se los hemos dado con los ojos bien abiertos. Y no olvidemos que no nos falta ni nos puede faltar nada: *Deus meus et omnia,* ¡mi Dios y mi todo!

No puedo decirte —porque te diría algo inexacto— que la castidad, la pureza, es la primera de las virtudes, pues tú sabes perfectamente —deseo tan sólo recordártelo— que la primera virtud, comenzando por la base, es la fe: esta virtud es el fundamento de todo nuestro edificio espiritual. Sabes también que la primera de las virtudes, contemplando el edificio espiritual desde lo alto, es la caridad, pues tan sólo a través de ella —reina de las virtudes— nos unimos directamente con Dios.

Pero tampoco sería exacto si no añadiese ahora que la castidad, la pureza de vida, forma el ambiente, el clima propicio para que puedan desarrollarse aquellas dos virtudes y, con ellas, todas las demás.

No es difícil, por tanto, comprender la importancia, la necesidad de estas virtudes en la vida espiritual. Sin esta virtud que crea el ambiente, el clima, nunca seríamos hombres de vida interior; sin esta virtud, seriamente vivida y profesada con alegría y con amor, no podremos poseer una verdadera vida sobrenatural. El hombre sensual es la antítesis del hombre espiritual; el hombre carnal no puede percibir las cosas del espíritu, las cosas de Dios: es un prisionero de la tierra y de los sentidos, y nunca podrá elevarse a gustar los bienes del cielo y los goces espirituales, profundos y serenos, del alma.

La castidad, amigo mío, es también muy necesaria para el apostolado. El celibato y la castidad perfecta dan al alma, al corazón y a la vida externa de quien los profesa, aquella libertad de la que tanta necesidad tiene el apóstol para poderse prodigar en el bien de las otras almas. Esta virtud que hace a los hombres espirituales y fuertes, libres y ágiles, los habitúa al mismo tiempo a ver a su alrededor almas y no cuerpos, almas que esperan luz de su palabra y de su oración, y caridad de su tiempo y de su afecto.

Debemos amar mucho al celibato y la castidad perfecta, porque son pruebas concretas y tangibles de nuestro amor de Dios y son, al mismo tiempo, fuentes que nos hacen crecer continuamente en este mismo amor. Todo lo cual nos hace pensar cuánto aumenta nuestra vida interior y cuán eficaz llega a ser nuestro apostolado mediante estos sacrificios llenos de amor.

Quiero recordarte ahora una verdad muy sencilla, una verdad que conocemos, que hemos oído y que hemos enseñado muchas veces, la castidad, amigo mío, es posible; la castidad es posible siempre y en todo momento; en todas las edades y en todas las circunstancias, incluso cuando asoman las tentaciones y las dificultades.

La castidad es posible, no porque nos la aseguren nuestras escasas fuerzas, sino porque mediante su gracia nos la conserva la bondad de Dios. Te transcribo, para que los saborees, estas luminosas palabras del libro de la Sabiduría (8, 21): *Et ut scivi quoniam aliter non possem esse continens, nisi Deus det... adii Dominum, et deprecatus sum illum...* Pero como supe que no podría ser casto, si Dios no me lo concedía, me dirigí al Señor y se lo supliqué...

Todas las almas que oran y luchan para vivir *sicut angeli Dei,* como ángeles de Dios, han comprobado la certeza y la consoladora realidad de aquellas palabras que oyó San Pablo: *Suficit tibi gratia mea.* Te basta mi gracia.

Y prosiguiendo por este camino, simple y llano, de recordar verdades que tú y yo conocemos y amamos, me detengo algunos instantes para concretar un concepto que inteligencias poco iluminadas por la luz de la fe y corazones fríos nos dan ocasión de perfilar y de meditar.

Y no puedo ocultarte, amigo mío, que esta vez me detengo con pena, ante el solo pensamiento de que pueda haber entre nuestros hermanos, entre los que hicimos al Señor don de nuestra juventud y de nuestra vida, alguno que piense que la castidad perfecta sea una mutilación, un sacrificio que deja incompleta la persona.

Con profunda tristeza he conocido algunas de estas almas, quiero decírtelo en confianza, que llevan sobre sus hombros el peso de una castidad que consideran menos bella y menos fecunda que el matrimonio. Tú sabes que estas almas no sienten con nuestra madre la Iglesia, pero que en su extravío tienen por compañía la tristeza de una vida estéril.

La castidad perfecta es, sí, una renuncia, lo sabemos y no queremos ignorarlo: la castidad perfecta es una renuncia al placer carnal, es una renuncia al amor conyugal y es una renuncia a la paternidad. Pero es una renuncia llena de luz y de amor.

Es una renuncia de amor, porque —te lo repito— el amor es por naturaleza exclusivo y el que ama de nada se priva cuando se priva de todo lo que no es su amor. Y cuando este amor es Dios, cuando este amor es Cristo, la exclusividad no sólo no cuesta, sino que encanta.

El vacío de esa renuncia se ve colmado de modo maravilloso y superabundante por el mismo Dios: el amor de Dios nos hace felices y nos llena: nada nos falta.

La castidad es amor, amor exclusivo de Dios, un amor que no nos pesa, un amor de Dios que nos hace ligeros y ágiles y que, al mismo tiempo, nos colma de una profunda y serena felicidad. Y como la castidad es amor, habremos de repetir con nuestras vidas siempre jóvenes y llenas del entusiasmo de los enamorados, aquellas palabras con las que un amor espiritual concluía una serie de hermosas páginas escritas sobre esta virtud: hemos defendido nuestro derecho al amor.

Con nuestra profunda y clara convicción sobre el significado y la belleza de esta virtud; con nuestra decisión firme y actual que nos hará repetir y afirmar que volveríamos a hacer mil veces lo que hicimos porque estamos convencidos de que es lo mejor que podíamos hacer; con nuestros ojos y nuestros corazones puestos en Jesucristo, al cual hemos confiado nuestras vidas, podremos decir con verdad que hemos defendido nuestro derecho al amor. Y aún te diré más, sirviéndome de la feliz expresión de un monje poeta: somos en el mundo los aristócratas del amor.

Y no tengo necesidad de decirte, porque ya te lo he dicho, que la castidad no puede ser una virtud soportada; la castidad debe ser, en nuestras vidas, una virtud afirmada con alegría, amada con pasión y custodiada con delicadeza y vigor.

Si vemos así la pureza como fruto y fuente de amor, la consolidaremos en nuestra vida, la amaremos y la custodiaremos en toda su maravillosa extensión y grandeza: Dios nuestro Señor nos pide la pureza de cuerpo, de corazón, de alma y de intención.

La pureza, hermano mío, es una virtud frágil, o mejor, llevamos el gran tesoro de esta virtud en vasos frágiles —*in vasis fictilibus*—; por esto le hace falta una custodia prudente, inteligente y delicada.

Pero para la custodia y para la defensa de esta virtud tenemos armas invencibles: las armas de nuestra humildad, de nuestra oración y de nuestra vigilancia.

La humildad es la disposición necesaria para que el Señor nos conceda esta virtud: *Deus... humilibus dat gratiam,* Dios da la gracia a los humildes. No hay duda de que la unión que existe entre esas dos virtudes, entre la humildad y la castidad es muy íntima. Hasta el punto de que una vez leí complacido que un escritor espiritual daba a la humildad el nombre de castidad del espíritu.

Pero tampoco olvidemos, hermano mío, que para defender esta virtud y para crecer en ella, es absolutamente necesario que escuchemos y que sigamos con gran delicadeza el consejo de Jesucristo: *Vigilate et orate.* Vigilad y orad.

Una vigilancia que nos llevará a huir con decisión y prontitud de las ocasiones y de los peligros. Una vigilancia que también se manifestará en el momento de nuestra apertura, sincera y filial, a la dirección espiritual. Una vigilancia que nos enseñará a mortificar los sentidos y la imaginación.

La oración, la amistad con Jesús en la Santísima Eucaristía, el Sacramento de la Penitencia y la devoción a la Virgen Inmaculada son los medios, eficaces y necesarios, que nos aseguran la virtud de la castidad.

Virtudes verdaderas y virtudes falsas

> Sobre todo, a los que comienzan suele llevarlos el Señor —tal vez durante años— por esos mares menos borrascosos, para confirmarlos en su primera decisión, sin exigirles al principio lo que ellos aún no pueden dar, porque son *quasi modo geniti infantes,* como niños recién nacidos.
>
> J. Escrivá de Balaguer, 24-III-1931.

Cuando las almas dan los primeros pasos por el camino de la vida espiritual, les suele ocurrir como a aquel chiquillo que, habiendo sembrado en un ángulo del jardín de su casa, con las últimas luces de la tarde, una semilla de trigo o un huesecillo de albaricoque corre al mismo lugar al día siguiente, muy temprano, ya con la esperanza de encontrar allí una espiga dorada o de poder gustar los maduros frutos del albaricoquero.

Y, entonces, cuando el niño se da cuenta de que la fecundidad de la tierra no ha podido satisfacer sus esperanzas, ni la urgencia de su capricho infantil, corre, desilusionado y dolorido junto a su madre, para revelarle, con los ojos llenos de lágrimas, la tragedia que en su alma ha provocado la crueldad de esa tierra que le niega el fruto de sus sudores. Y la madre sonríe con ternura.

Pues igual que el niño busca la espiga o pretende de la tierra el albaricoque, después de una noche de espera que le ha parecido un siglo, son muchos los que pretenden de su alma el fruto de una verdadera y sólida virtud, cuando apenas han echado en su corazón la semilla de los buenos propósitos y tan sólo se han limitado a alimentarlos con deseos de santidad y de fidelidad.

Estas almas se percatan muy pronto, frente a cualquier dificultad u obstáculo, de que su virtud no es tan fuerte ni tan exuberante co-mo se habían hecho la ilusión de que fuera, y, entonces, se llenan de tristeza y de desaliento. Y Dios nuestro Señor, que ama a estas almas como una madre quiere a su chiquillo, sonríe ante el espectáculo de la infantilidad de su vida interior.

Es absolutamente necesario, amigo mío, que desde los primeros pasos de nuestra vida interior nos habituemos a buscar las verdaderas virtudes y aprendamos a evitar las falsas.

Es verdad que has empezado y que has empezado bien: es verdad que el *nunc coepi* —¡empieza ahora!— ha resonado generosamente en tu vida, pero también es verdad —y a veces lo olvidas— que las virtudes, hábitos operativos buenos, requieren para ser verdaderas tiempo y fatiga, lucha y esfuerzo.

Los buenos propósitos, los enardecidos deseos, no son suficientes para conferir solidez a tus virtudes y para hacerlas verdaderas. Ni tampoco tales ardores y tales propósitos modifican, por sí solos, tu naturaleza y tu carácter. Para que tus virtudes sean sólidas y para que tu naturaleza y tu carácter se transformen, es necesario que el esfuerzo y la lucha perseveren durante todo aquel *tempus laboris et certaminis,* durante todo aquel periodo de trabajo y de brega, que es tu vida.

Los ardores y los vehementes sentimientos de devoción sensible, que van siempre unidos, por providencial bondad divina, a los primeros pasos en el ejercicio de la vida interior, llevan a las almas que están todavía en la infancia de la vida espiritual, a creer que todo se ha realizado ya, que sus defectos y sus tendencias desordenadas han desaparecido, y que, de ahora en adelante, todo les va a ser fácil: la vida virtuosa no va a costarles ningún esfuerzo.

Pero la Providencia de Dios, al través de las mismas ricas experiencias de su vida, no tardará en abrir los ojos a estas almas, confiriéndoles el verdadero sentido de la vida espiritual y, con él, la madurez de la virtud.

La vida misma les enseñará —te lo repito— que todos aquellos defectos y aquellas tendencias no estaban muertos, sino adormecidos, y que hará falta un esfuerzo perseverante y una lucha llena de fe, para lograr que mueran de veras.

Cuando Dios nuestro Señor hace pasar a estas almas que desean seguirle de cerca, desde la devoción sensible a la devoción árida, y desde ésta a la verdadera devoción espiritual, es cuando comprenden ellas los designios de Dios y sus divinas estratagemas para hacerlos adquirir las verdaderas virtudes y una sólida formación.

Toda esta delicada acción divina requiere tiempo: el tiempo es así el gran aliado de Dios en la obra de la santificación de las almas, la cual es siempre la obra de toda una vida. Y el tiempo, amigo mío, es un gentilhombre; no lo olvides.

Recuerdo que con alegría aprendí, de boca de un santo religioso, este proverbio, tan sencillo como luminoso: *juvenes videntur sancti sed non sunt: senes non videntur sed sunt,* los jóvenes parecen santos, pero no lo son: los viejos no lo parecen pero lo son. Los ardores de la juventud que empieza a seguir de cerca a Jesús, son flores, son promesas: pero el trabajo sereno, profundo e intenso, de las almas en el servicio de Dios, es fruto maduro y sazonado, es eficacísima realidad.

Querer una santidad sin esfuerzo, buscar una virtud sin pruebas y sin luchas, sin batallas ni derrotas, es un sueño de juventud que no resiste a la experiencia consumada de una verdadera vida espiritual.

Hay, en cambio, virtudes que se afirman en medio de las dificultades; virtudes que, con esfuerzo y merced al paso del tiempo, llegan a reinar; virtudes que, después de muchas luchas y victorias, adquieren la prontitud, la facilidad y la constancia propias de las verdaderas virtudes. Todas estas características, unidas a un gusto espiritual por el ejercicio de los actos virtuosos, son las pruebas y el sello que hace reconocer por verdadera una virtud.

Y es precisamente para que tú, hermano mío, alcances esta meta por la que Dios nuestro Señor pone a prueba tu oración, con esas arideces; tu apostolado, con esa aparente esterilidad; tu humildad, con las humillaciones; tu fe y tu confianza, con las dificultades; tu paciencia, con las tribulaciones; tu caridad, con los defectos y las miserias de los demás, y, también, con la contradicción de los buenos.

De todas estas dificultades de tu esfuerzo convencido y prolongado en el tiempo y de tu serena paciencia, han de nacer y de fortificarse las verdaderas virtudes. Permíteme que insista: *in patientia vestra possidebitis animas vestras,* con vuestra paciencia, poseeréis vuestras almas; a costa de vuestra paciencia adquiriréis la santidad.

Dios nuestro Señor no quiere que tus virtudes sean flores de estufa: serían falsas virtudes. Todas las consideraciones que hemos meditado juntos nos enseñan el camino que conduce a las verdaderas virtudes y nos enseñan, también, que las virtudes, cuando son verdaderas, poseen una intrínseca solidez, que no depende de estímulo o de apoyos exteriores.

Las virtudes verdaderas se ambientan en el mundo, sin confundirse con él, y se confirman en el mundo y en medio de las dificultades, comos los rayos del sol que hieren el barro y lo secan sin mancharse.

Las virtudes dan unidad a la vida de las personas que las ejercitan. Las falsas virtudes conducen a esa separación, que es tan temible, entre las prácticas de piedad y la vida de cada día; las falsas virtudes forman compartimentos estancos en la conducta cotidiana y no pueden así regar, por falta de fecundidad, toda la vida de una persona. Hay personas que son aparentemente buenas en algunas circunstancias o en algunos momentos del día o de la semana, por costumbre, por comodidad, por debilidad.

Las falsas virtudes son fango dorado que, visto desde lejos, parece oro, pero que cuando se coge en la mano se ve inmediatamente, por falta de peso, que ese oro es falso y basta con un ligero arañazo para poner al descubierto el fango que se oculta tras el ligerísimo velo de oro.

En cambio, las verdaderas virtudes son oro, oro puro, sin escorias, aunque algunas veces este oro puro esté manchado por alguna salpicadura de fango. Oro sucio de fango. Pero el Señor coge entre sus manos este oro puro y quita esas manchas con sus manos divinas, para que brille el precioso metal en todo su esplendor.

¡Qué la Virgen María, Reina de las virtudes, nos enseñe a desear y a practicar las verdaderas virtudes!

La serenidad

> Lucha ascética, poniendo en ejercicio, a lo largo del día, las virtudes teologales, que antes que para teorizar son virtudes para vivir: la fe, la esperanza, la caridad. Y así tendréis serenidad. Serenidad que es un modo laical de llamar a un fruto de la fortaleza, de la templanza, de la justicia, de la prudencia: de las virtudes cardinales.
>
> J. Escrivá de Balaguer, 31-V-1954.

De pequeño, según costumbre de todos los niños, construía yo castillitos de barro con piedras y trozos de madera; y si alguien, sin darse cuenta, pasaba por encima y me los destruía... ¡Qué disgusto el mío! ¡Qué tragedia!

Cuando ahora pienso en aquellos juegos de niño, me divierto; y si revivo en la memoria todas aquellas tragedias infantiles, no puedo por menos de sonreír.

Pues, juegos de niños y tragedias infantiles son, si sabemos mirarlas sobrenaturalmente, tantas y tantas preocupaciones de personas de años muy mayores y de juicio muy maduro.

La virtud de la serenidad es una rara virtud que nos enseña a ver las cosas en su verdadera luz y a apreciarlas en su justo valor: el que real y objetivamente tienen, que nos es revelado por el equilibrio y por el buen sentido; y el valor sobrenatural que deben conseguir, al cual nos lleva el espíritu de fe.

Nos falta esta serenidad cuando deformamos la realidad, cuando hacemos de un grano de arena una montaña; cuando nos afligen con su peso cosas que no deberían turbarnos; todas y cada una de las veces que no tenemos en cuenta, en nuestros juicios, a la Providencia Divina y a la luz de las verdades eternas.

¿Qué quedaría en nuestra vida, amigo mío, de tantas preocupaciones, inquietudes y sobresaltos, si en ella entrase esta virtud cristiana de la serenidad?

Nada, o casi nada.

Mira, si no, cómo el simple transcurso del tiempo nos da, casi siempre, la serenidad del pasado; y, en cambio, tan sólo la virtud puede garantizarnos la serenidad del presente y del futuro.

Y es que el tiempo, al pasar, deja cada cosa en su sitio: aquella cosa o aquel acontecimiento que tanto nos preocupó y aquella otra que tanto nos alteró, ahora que todo ha pasado, son apenas una sombra, un claroscuro en el cuadro general de nuestra vida.

Pues de esta serenidad del presente y del futuro quiero hablarte. Necesitamos de la serenidad de la mente, para no ser esclavos de nuestros nervios o víctimas de nuestra imaginación, necesitamos de la serenidad del corazón, para no vernos consumidos por la ansiedad ni por la angustia; necesitamos también de la serenidad en nuestra acción, para evitar oscurecimientos, superficiales e inútiles derroches de nuestras fuerzas.

La mente serena da firmeza y pulso para el mando: la mente serena encuentra la palabra justa y oportuna que ilumina y consuela; y sabe ver en profundidad y con sentido de la perspectiva, sin olvidarse de los detalles y de las circunstancias, que han de resaltar en una visión de conjunto.

Creo que te debo repetir, amigo mío, que la virtud de la serenidad es una rara virtud, porque la vida de muchas personas está dominada por los nervios; porque no pocas existencias se consumen en imaginaciones y fantasías; y porque hay caracteres que todo lo convierten en tragedia o melodrama.

La persona meticulosa —¡cominera!— sólo ve los detalles y asfixia con su insistencia; el teórico no ve más que los problemas generales y se aparta de la vida: tan sólo la persona serena sabe ver el conjunto y el detalle y deducir de todo ello una eficaz y concreta síntesis.

El hombre rígido no es sereno, porque su rigidez le hace traspasar los límites de lo que es justo y razonable, de lo que es proporcionado a las circunstancias de la persona, del tiempo y del lugar. La falta de serenidad del hombre rígido turba y oprime a los demás.

Pero tampoco es sereno al hombre débil, porque se para antes de llegar al límite y, con su debilidad, se perjudica a sí mismo y a los demás. El débil no perturba ni oprime, pero tampoco gobierna, y su acción nunca será eficaz: es una víctima de la corriente.

Objetividad y concreción; análisis y síntesis, suavidad y energía; freno y espuela, visión de conjunto y abundancia de detalles; todas estas cosas y muchas otras abarca, en síntesis armónica, la virtud cristiana de la serenidad.

Pero ni tú, ni yo, ni nadie, podemos ser serenos sin una previa lucha: las pasiones son una realidad en todas las personas; la imaginación puede turbar todas las mentes; los nervios existen en todos los organismos; las impresiones hacen vibrar todas las sensibilidades; la ignorancia, el error y la exageración son patrimonio de todas las inteligencias, y el temor y el temblor hallan también cobijo en todos los corazones.

El dominio de nuestro propio ser, el equilibrio en los juicios, la reflexión ponderada y serena, el cultivo de la propia inteligencia, el control de los nervios y de la imaginación, exigen lucha y firmeza, y también perseverancia en el esfuerzo. Y ése es el precio de la serenidad.

La serenidad debe ser una virtud connatural para el cristiano: porque ningún cristiano puede ignorar que el don de la fe es un principio de serenidad y de armonía.

Sobre el campo que acabamos de considerar y que habrá sido desbrozado y convenientemente preparado por el conjunto de las virtudes humanas que llevan al equilibrio, a la objetividad, al realismo y al buen sentido, ha de levantarse, como el sol sobre un campo rico de promesas, la virtud de la fe, verdadero sol del alma, que nos dará una visión de la vida y de sus alternativas, llena de serenidad, amplia de horizonte y rica en detalles.

En esta serena visión el corazón se aquietará, el alma hallará calma y la inteligencia comprenderá, a la luz de Dios, el porqué de muchas cosas, con lo cual aumentará la serena tranquilidad de su vida. Ni siquiera lo que no comprendas podrá turbar tu corazón, porque la misma fe te enseñará que la causa de lo que no comprendes, es siempre la bondad de Dios y su afecto hacia los hombres.

Serenidad cristiana; vives escondida bajo el oscuro velo de la fe; serenidad cristiana, desciendes sobre el alma con la visión sobrenatural, como el rocío desciende sobre las flores con la primera luz de la mañana; serenidad cristiana, te ocultas en las palabras de Jesús: *Non turbetur cor vestrum neque formidet,* no se turbe ni tema vuestro corazón; *nolite sollicite esse...,* no estéis preocupados; *quid prodest homini si mundum universum lucretur, animae vero suas detrimentum patiatur?,* ¿de qué le sirve al hombre ganar todo el mundo, si su alma ha de perjudicarse?; serenidad cristiana, te fundes con el alma en la oración como la lluvia con la tierra en primavera; serenidad cristiana, ahondas tus raíces en el alma que aprende a abrazar y a superar el dolor con espíritu de fe; serenidad cristiana, te asientas en el alma cuando se alimenta del cuerpo y de la sangre de Cristo; serenidad cristiana, llenas el alma que se abre, sincera y confiada, al propio director espiritual; serenidad cristiana, eres el regalo más delicado que Jesús hace a las almas sencillas y carentes de complicaciones.

Amigo mío, nuestro Padre Dios nos quiere serenos en medio de las pruebas y de las dificultades de la vida: *oratione instantes, tribulatione patientes, spe gaudentes,* insistentes en la oración, pacientes en la tribulación, gozosos en la esperanza.

Amigo mío, Jesús nos quiere serenos ante la muerte y ante la vida: *sive vivimus, sive moritur, Domini sumus,* que vivamos o que muramos, de Dios somos.

Amigo mío, el Señor nos quiere serenos en nuestro trabajo de cada día, sobre todo cuando se nos hace duro y gravoso.

Amigo mío, Dios nuestro Señor nos quiere serenos cuando por nuestro estado y condición hemos de dar a los demás auxilio y consejo.

Amigo mío, Jesucristo nos quiere serenos cuando nos hallamos ante nuestra mesa y frente a los problemas y las decisiones de nuestro trabajo.

Y también nos quiere serenos en nuestra vida de perfección y en nuestros sinceros esfuerzos para ser mejores: *in patientia vestra possidebitis animas vestras,* en vuestra paciencia poseeréis vuestras almas. Te falta esta serenidad cuando te irritas contigo mismo y cuando pierdes la paz, al ver que tus progresos en los caminos del Señor son lentos. No te olvides que la luz de la serenidad es la que te hace comprender que *nemo repente fit sanctus,* que nadie se vuelve santo de repente.

Y tampoco te olvides de que jamás encontrarás al Señor en el tumulto y en el barullo interior, pues el Señor viene en el sosiego, *Dominus in tranquillitate venit.*

Por eso, si tu oración es serena en sus consideraciones, en sus afectos y en sus propósitos, sus efectos serán más profundos y más duraderos sus frutos.

Tienes, pues, que llenar de serenidad tu apostolado: es un gran don de Dios el saber infundir seguridad y serenidad en las almas en su camino hacia Dios.

Y reina de serenidad —lo decimos con alegría— es nuestra Madre Celestial.

La crítica

> No me cansaré de insistiros en que, quien tiene obligación de juzgar, ha de oír las dos partes, las dos campanas. ¿Por ventura nuestra ley condena a nadie sin haberle oído primero y examinado su proceder?, recordaba Nicodemo, aquel varón recto y noble, leal, a los sacerdotes y fariseos que buscaban perder a Jesús.
>
> J. Escrivá de Balaguer, 29-IX-1957.

Las personas, las cosas, los acontecimientos que se ofrecen a nuestra consideración requieren nuestro juicio. La parte más noble de cuanto Nuestro Señor nos ha dado, con profusión y generosidad, asume una actitud determinada frente a nosotros mismos y frente a lo que nos rodea.

Tu inteligencia y tu sensibilidad —como las mías— miden y valoran cualquier persona, cosa o hecho con los que se pongan en contacto. Esta capacidad de valoración y de juicio aumenta en proporción a la profundidad de la persona y a la seriedad con que afronta los acontecimientos y vive su propia vida.

A una mayor riqueza interior, a una más profunda consideración de las cosas y a un empeño de vida más serio, necesariamente corresponde una mayor capacidad de valoración y de juicio. Los necios y los frívolos, los que se pierden en los detalles o viven fuera de la realidad, los que no hacen nada o hacen demasiadas cosas: todos éstos han perdido o están perdiendo, para su gran desgracia, el sentido del valor y del juicio.

Dios nuestro Señor quiere, amigo mío, que seas un alma de criterio, que sepas encuadrar personas, situaciones, circunstancias y acontecimientos con espíritu sobrenatural y sentido práctico de la vida. Es necesario que esta capacidad de valoración y de juicio, llena de espíritu sobrenatural, aumente y se purifique cada día más. Pues con esta capacidad de juicio cristiano, sereno y objetivo, nos defendemos de nosotros mismos y de nuestros enemigos —primero de todo, de los de nuestra alma— y perfeccionamos nuestras acciones y nuestro trabajo para ayudar a nuestros amigos en su vida y en su actividad.

Pero esta capacidad de valoración y de juicio, que es tan necesaria para tu vida y sin la cual difícilmente podrás imprimir a tu conducta seriedad y vigor cristiano, tiene sus límites. Mantenerla y ejercitarla dentro de estos límites es acercarse a Dios; permitir que los sobrepase y ejercitarla sin esa mesura cristiana, es alejarse de Dios.

¡Cuántas críticas haces sin mesura cristiana que te separan de Dios y de los demás! ¡Que te enemistan con todos y logran que todos te eviten! De sobra conoces los tipos del decapitador despiadado y del cruel demoledor.

Voy a presentarte toda una galería de espíritus críticos y a preguntarte: ¿en cuál de estas categorías podríamos estar incluidos tú y yo? La crítica del fracasado —que por su fracaso, se ha revelado enemigo de Dios— es universal, porque querría arrastrar a todos en su propio fracaso; la crítica del irónico es mordaz, ligera, superficial, y está dispuesta siempre a sacrificar por la burla las cosas más serias y más sagradas; la crítica del envidioso, nacida entre ansiedades y despechos, es ridícula y vanidosa; la crítica del idiota es bufa; la crítica del orgulloso y del avasallador es despiadada y, normalmente, está forjada con los peores ingredientes; la crítica del ambicioso es desleal, porque tiende a iluminar su persona con menoscabo de los demás; la crítica del sectario es apriorística, parcial e injusta, es la crítica de quien se sirve conscientemente y con fría pasión de la mentira; la crítica del ofendido es amarga y punzante, destila hiel por todas partes; la crítica del hombre honrado es constructiva; la crítica del amigo es amable y oportuna; la crítica del cristiano es santificante.

Para que tu crítica sea siempre la crítica del hombre honesto, del amigo, del cristiano, es decir, para que sea constructiva, amable, oportuna y santificante, ha de poner atención en salvar siempre la persona y sus intenciones. Ha de ser objetiva, jamás subjetiva. Ha de detenerse siempre, con respeto, ante el santuario de la personalidad y de su mundo interior. ¿Qué sabes tú de las intenciones, de los motivos y de toda esa serie de circunstancias subjetivas, que tan sólo conoce perfectamente Dios nuestro Señor, que lee en los corazones? Te sale aquí al paso, amigo mío, aquella frase de Cristo: *Nolite judicare et non judicabimini.* No juzguéis y no seréis juzgados.

Esta crítica, profundamente humana, porque conoce nuestros límites, es profundamente cristiana, porque respeta lo que pertenece al Señor, y así concilia y conserva la amistad, incluso la de quienes nos son contrarios, porque se manifiesta llena de respeto y de comprensión hacia la personalidad ajena.

El hombre honrado, y con mayor razón el cristiano, no juzga ni crítica lo que no conoce. Expresar un juicio, formular una crítica, supone el perfecto conocimiento, en todos sus aspectos, de lo que es objeto de consideración. La seriedad, la rectitud y la justicia caerían por su base si no se procediese de este modo.

Al llegar a este punto, seguramente que tú y yo nos acordamos de muchos juicios y de muchas críticas improvisadas, formulados sin ningún conocimiento de causa: del juicio del hombre superficial, que habla de lo que no conoce; de la crítica del que se apropia de lo que ha oído decir por otros, sin tomarse la molestia de verificarlo; de la conducta del inconsciente, que juzga hasta aquello de lo que ni siquiera ha oído hablar. Y nos damos cuenta también de con cuánta facilidad transformamos en juicio —disfrazándola de juicio crítico— una simple impresión. La crítica del ignorante es siempre injusta y funesta.

La crítica, la crítica cristiana, tiene siempre requisitos de tiempo, de lugar y de modo, sin los cuales se transforma fácilmente en detractación o en difamación. No estará mal, a este propósito, que tú que te consideras un hombre maduro, capaz de juicio y de seguro criterio, te preguntes si hay en tu vida este mínimo de prudencia cristiana que te pone a cubierto de las insidias de tu lengua y de tu pluma. Pues hablar sin pensar y escribir sin reflexionar puede ser peligroso para tu alma, aunque estés en posesión de la verdad.

Debo añadir aún, amigo mío, que la crítica se colorea del *animus* que detrás de ella se esconde, de la disposición interior de la cual procede. Hay un *animus* bueno y un *animus* malo; lo cual debemos tener presente, puesto que constituye un criterio seguro para juzgar moralmente del uso que hagamos de nuestra capacidad de valoración y de crítica.

El fracasado, el envidioso, el irónico, el orgulloso y avasallador, el fanático, el amargado y el ambicioso, tienen un *animus* malo, no recto, que se manifiesta inmediatamente en su crítica.

En cambio, el hombre honesto, el amigo, el cristiano llevan dentro de sí un *animus* bueno, que se trasluce igualmente de sus juicios. Este *animus* bueno es la caridad, el deseo del bien de los demás, que asegura a su crítica todas aquellas cualidades de que la buena crítica ha de estar adornada. Pues para que la crítica sea justa y constructiva, eficaz y santificante, hace falta amar a los demás, amar al prójimo. En tal caso el ejercicio de la crítica *es* siempre un acto de virtud en el que hace uso de ella y un auxilio para el que la recibe: *Frater qui adiuvatur a fratre quasi civitas firma*, hermano defendido por hermano, es como ciudad amurallada.

Saberse defender de la crítica injusta y mala es normalmente una virtud y casi siempre un deber; saber recibir y aceptar la crítica buena, además de ser virtud cristiana, es prueba de sabiduría. Signo cierto de grandeza espiritual es saber dejarse decir las cosas: recibirlas con alegría y agradecimiento. El que aprende a escuchar y a preguntar llegará muy lejos en el uso de los talentos que recibiera de Dios. Desgraciado en cambio el que no tolera que se le digan las cosas; el que de mil modos —los del amor propio herido— trata de herir y de vengarse contra el que ha tenido la atención y la caridad de hacerle una crítica honesta y buena. Nunca debemos olvidar tú y yo que todas las cosas que hacemos mal se deben hacer bien y que todas las cosas que hacemos bien se pueden hacer mejor; y para esto, además de contar con nuestra voluntad, hemos de poder contar con la crítica.

Pero tampoco has de vivir excesivamente preocupado de la crítica, del "qué dirán". Porque esta preocupación excesiva y pusilánime podría cortarte las alas y llevarte a no hacer nada. La crítica ligera y envidiosa, la crítica chismosa y superficial, vale más ignorarla.

Querría decirte a este propósito que el que no hace nada no recibe ninguna crítica, porque la gente —ignora la razón— raramente crítica el no hacer. En cambio, el que hace y hace mucho es siempre criticado y lo es por todos: lo critican los que no hacen nada, porque su vida y su trabajo parecen una acusación contra ellos; lo critican los que obran de modo contrario a él, porque lo consideran un enemigo; y lo critican también, cuando no son buenos, los que hacen las mismas o parecidas cosas, porque están celosos de él.

Alguna vez se dará en tu vida la paradoja de que deberás hacerte perdonar lo que hayas hecho de bueno y lo que hayas realizado con tu trabajo, por aquellos que nada bueno hicieron y por aquellos que jamás trabajaron. Otras veces te verás injustamente atacado y maltratado por los que no conciben que se pueda hacer nada bueno sin pedir ayuda. Sonríe entonces con elegancia y sigue trabajando.

No te olvides de dar gracias a Dios por todas estas cosas; y, sobre todo, por la crítica honesta y buena, amiga y cristiana, no ceses de dar gracias a Dios y a aquel que te la haga.

Tentaciones

No se romperán tus pies de barro, porque conoces tu inconsistencia y serás prudente, porque sabes bien que sólo Dios puede decir: "¿quién de vosotros me puede acusar de pecado?"

J. Escrivá de Balaguer, 24-III-1931.

¡Qué distinto es nuestro camino —el camino que han de recorrer tus discípulos, Señor— del imaginado por nosotros en la inexperiencia de nuestros años jóvenes y en los dorados sueños de nuestra inquieta fantasía! Solíamos ver entonces un camino tranquilo, hecho de inalterada calma interior y de pacíficos triunfos exteriores... y también —¿por qué no?— de algunas clamorosas y vistosas batallas con heridas vendadas primero con laurel y luego... con la deseada admiración de muchos. Creíamos, Señor, de modo ingenuo y poco sobrenatural, que la sola decisión de seguirte y de caminar generosamente contigo, renunciando a muchos consuelos humanos, nobles y lícitos habría cambiado nuestra naturaleza y nos habría dejado libres —¡como ángeles!— del peso de la tribulación y de las turbaciones de las tentaciones.

Pero tus juicios, ¡oh Señor!, no son los nuestros, ni nuestros caminos son iguales a los tuyos. Nuestra historia, tejido admirable en donde se entrelazan aparentemente de modo caprichoso con los acontecimientos que son vehículo de tu voluntad, los atributos divinos de tu bondad, de tu sabiduría, de tu omnipotencia, de tu ciencia divina y de tu misericordia, nos ha enseñado a comprender y a gustar que la vida del cristiano es una milicia, *militia est vita hominis super terram,* milicia es la vida terrenal del hombre, y que todos tus discípulos han de probar la *pax in bello* —paz en la guerra— de tu servicio. Daremos gracias al Señor porque *suaviter et fortiter,* suave y vigorosamente, nos ha enseñado el valor sobrenatural y el fin providencial de las tentaciones y de las tribulaciones. Pues, por medio de ellas, Dios nuestro Señor ha dado a nuestra alma la experiencia del hombre maduro, la dureza y el realismo del soldado veterano fortalecido en la batalla y el espíritu de oración del monje más contemplativo.

¡Tentaciones... las tendrás! Tu vida de servicio de Dios y de la Iglesia las conocerá necesariamente, porque tu vocación, tu llamada, tu decisión generosa de seguir a Jesús, no inmunizan a tu alma de los efectos del pecado original, ni apagan para siempre el fuego de tus concupiscencias allí donde se agazapa la tentación: *unusquisque vero tentatur a concuspicentia sua,* cada cual, ciertamente, es tentado por su concupiscencia.

Pero te consolarás pensando que los Santos —¡hombres y mujeres de Dios!— han sostenido las mismas batallas que tú y que yo hemos de sostener para demostrar nuestro amor al Señor. Escucha el grito de San Pablo: *Quis me liberabit a corpore mortis hujus?,* ¿quién me librará de este cuerpo de muerte? Piensa en las tentaciones de San Jerónimo a lo largo del curso de su vida austera y penitente en el desierto; lee la vida de Santa Catalina de Siena y verás las pruebas y las dificultades de aquella gran alma; y no olvides el martirio de San Alfonso de Ligorio, octogenario, ni las fuertes tentaciones contra la esperanza en la vida de San Francisco de Sales durante el periodo de sus estudios, ni la fe tan duramente probada en el temple de aquel apóstol que era el abate Chautard... ni las tentaciones de todo género de tantos y tantos otros.

Reflexionemos en ellas, amigo mío, con espíritu sobrenatural: por medio de la tentación, siempre que tú no la vayas a buscar imprudentemente, Dios nuestro Señor pone a prueba y purifica tu alma, *tan quam aurum in fornace,* como el oro en el crisol. Las tentaciones fortifican e imprimen un sello de autenticidad a tus virtudes, pues ¿qué autenticidad cabe atribuir a una virtud que no se ha fortalecido con la victoria sobre las tentaciones que le son contrarias? *Virtus in infirmitate perficitur.* La virtud se forja en la debilidad. En la tentación se despierta y se robustece tu fe; crece y se hace más sobrenatural tu esperanza; y tu amor —el amor de Dios que es el que te hace resistir valerosamente y no consentir— se manifiesta de modo efectivo y afectivo.

¡Cuánta experiencia sacarás, por otra parte, de tu lucha contra las tentaciones!, experiencia que te servirá para ayudar, dirigir y consolar a muchas almas tentadas y atribuladas. Aprenderás la ciencia de la comprensión y sabrás hacerla fructificar cuando trates a las almas. La necesidad de recurrir a Dios, que se hace sentir con tanta fuerza en aquellos momentos, hará que tu vida de oración arraigue profundamente en tu alma.

¡Cómo crecerás en la humildad y en el conocimiento de ti mismo cuando veas tus tendencias y tus inclinaciones! Tus méritos aumentarán y... —¿por qué no?— hallarás consuelo ante la perspectiva de una maravillosa esperanza en el cielo: *qui seminat in lacrimis in exultatione et metet,* quien siembre con lágrimas, cosechará con alegría.

Todas estas consideraciones aumentarán tu confianza y tu visión sobrenatural. Sin embargo, deseo añadir una cosa: el peligro mayor para las almas tentadas y atribuladas es el desaliento, el hecho de que puedan pensar o admitir que la tentación es superior a sus fuerzas, que no hay nada que hacer, que el Señor las ha abandonado, que de ahora en adelante han consentido ya. Debes vivir, amigo mío, vigilante y firme contra esta tentación que, por lo general, se presenta después que uno ha luchado valerosamente y que es la más temible y fuerte de las tentaciones.

¡Escúchame! ¡Se puede vencer siempre! *Omnia possum!,* ¡todo lo puedo! Si luchas y pones los medios, la victoria es tuya. *Facientibus quot est in se Deus non denegat gratiam,* a quienes hacen lo que depende de ellos, Dios no les niega su gracia. Dios se lo hizo comprender bien a San Pablo en el momento de la tentación. *Sufficit tibi gratia mea!* ¡Te basta mi gracia! ¡La gracia! Nunca te olvides de la gracia de Dios.

Nuestro Señor sabe perfectamente hasta qué punto puede resistir y sabe igualmente bien, como el alfarero, el grado de temperatura necesario para que sus vasos de elección *—vas electionis—* adquieran cada uno el grado de solidez y de belleza que les tiene determinados.

No pierdas nunca la confianza, no te desmoralices, no te turbes. Te recuerdo que sentir no es consentir, que las inclinaciones sensibles y los movimientos espontáneos no dependen de tu voluntad. Basta con que resistas generosamente: sólo la voluntad puede consentir y admitir en el alma el pecado. Entre tanto, suceda lo que suceda, el Señor está contigo, en tu alma, aunque no sientas su presencia, aunque no gustes de su compañía. Está contigo —más que nunca ahora que luchas— y te dice: *Ego sum, nolite timere,* soy Yo, no temas.

Abre todavía más los ojos de tu alma: el Señor permite la tentación y se sirve de ella providencialmente para purificarte, para hacerte santo, para desligarte mejor de las cosas de la tierra, para llevarte a donde Él quiere y por donde Él quiere, para hacerte feliz en una vida que no sea cómoda, y para darte madurez, comprensión y eficacia en tu trabajo apostólico con las almas, y... sobre todo para hacerte humilde, muy humilde.

Escucha ahora, con la visión nueva que estas consideraciones pueden haberte suscitado, estas palabras de la Sagrada Escritura: *Fili, accedens ad servitutem Dei, praepara animam tuam ad tentationem* (Eccli 2, 1), hijo mío, si te das al servicio de Dios, prepara tu ánimo a la tentación. Y tú —alma tentada y atribulada— admira la bondad de Dios que te hace gustar, con la esperanza del cielo, estas palabras del Espíritu Santo: *Beatus vir, qui suffert tentationem, quoniam cum probatus fuerit accipiet coronam vitae:* bienaventurado el hombre que padece tentación, porque por haber sido probado recibirá la corona de la vida: ¡luego las tentaciones tejerán tu corona!

Pero no olvides amigo mío, que necesitas de armas para vencer en esta batalla espiritual. Y que tus armas han de ser éstas: oración continua; sinceridad y franqueza con tu director espiritual; la Santísima Eucaristía y el Sacramento de la Penitencia; un generoso espíritu de cristiana mortificación que te llevará a huir de las ocasiones y a evitar el ocio; la humildad del corazón, y una tierna y filial devoción a la Santísima Virgen: *Consolatrix afflictorum et Refugium peccatorum,* consuelo de los afligidos y refugio de los pecadores. Vuélvete siempre a Ella confiadamente y dile: *Mater mea, fiducia mea;* ¡Madre mía, confianza mía!

La imaginación

> Nuestra pedagogía se compone de afirmaciones, no de negaciones, y se reduce a dos cosas: obrar con sentido común y con sentido sobrenatural.
>
> J. Escrivá de Balaguer, 24-III-1931.

Ninguna persona prudente tomaría nunca a un loco por consejero en los problemas más delicados de su propia vida. Todos consideraríamos imprudente y poco sensato a quien se condujera de tal modo.

Esta verdad, tan clara y evidente en la vida y en los negocios, no lo es tanto, al menos en la práctica, en la vida interior y en el problema de nuestra santificación. La imaginación es una loca —la loca de la casa, la llamaba Santa Teresa, con su habitual buen humor—, y, sin embargo, ¡cuántas veces la elegimos, más o menos conscientemente, para consejera de los problemas más delicados de nuestra alma!

Esta loca que nos distrae con su alboroto y nos disipa con su algarabía; que nos comunica sus variados temores y nos turba con sus aprensiones, que nos susurra al oído sospechas infundadas, que nos tiraniza con sus ambiciones y nos muerde con su envidia; esta loca que nos hace salir de la realidad con fantásticos ensueños, llenos de euforia o de pesimismo, y que nos instila suavemente el veneno de la sensualidad y del amor propio: esta loca —lo sabemos por experiencia— es la gran enemiga de nuestra vida interior, es la eterna aliada del mundo, del demonio, de la carne.

Es ella la que turba tu vida de oración y te hace temer la mortificación; la que introduce en tu alma la tentación de la carne y de la soberbia; la que falsea tu conocimiento de Dios y te priva del sentido sobrenatural; la que te adormece con el sueño de la frivolidad o te sumerge en el letargo de la tibieza; la que apaga el fuego de la caridad o enciende el de la desconfianza y de la discordia.

Es tan loca como un caballo desbocado; tan inquieta como una mariposa; si no la dominas y la guías, jamás serás un alma interior y sobrenatural.

Si no la dominas, jamás podrás gozar de esa calma serena, que es tan necesaria para servir a Dios.

Si no le pones freno, jamás tendrás aquel realismo que una vida de santidad exige. Calma, realismo, serenidad, objetividad: virtudes que nacen allí donde termina la tiranía de la imaginación; virtudes que crecen y se fortifican en el esfuerzo ascético de dominar y de controlar la fantasía.

Te decía que la tiranía de la imaginación es grande. Tan grande, que altera las ideas, que falsea las situaciones de la vida, que deforma a las personas.

El Evangelio ofrece una prueba muy elocuente de esta tiranía. Estamos en el lago de Genezaret y es una noche oscura de tempestad; los apóstoles tienen que remar duramente, combatiendo contra un fuerte viento contrario. Su barquichuela, zarandeada por las olas, contiene a doce hombres que luchan para resistir la impetuosa fuerza del viento. Jesús se ha retirado solo a lo alto de un monte vecino y ora.

Quarta vigilia noctis venit ad eos, ambulans super mare. Pero en la cuarta vigilia de la noche Jesús se acerca hacia los apóstoles caminando sobre las aguas.

Y los doce... *videntes eum super mare ambulantem, turbati sunt, dicentes: quia fantasma est*: al ver a Jesús que anda sobre las aguas, se turban y exclaman: ¡Es un fantasma!

Fíjate: la adorable figura del Maestro, que viene para estar con ellos, para ayudarlos, para calmar la tempestad imponiendo silencio a las olas con su palabra imperiosa, asume en aquellas imaginaciones el aspecto de un fantasma que les infunde miedo y les conturba.

¡Cuántas veces se repite en nuestra vida este episodio evangélico! ¡En cuántas ocasiones nuestra alma, víctima de la imaginación, se atemoriza y queda turbada!

Juegos de la fantasía, fantasmas de la imaginación son esas cruces imaginarias que suelen atormentarnos y nos agobian con su peso. No creo exagerar si te digo que el noventa por ciento de nuestros sufrimientos, de esos sufrimientos que, con escaso conocimiento de la Cruz de Cristo, llamamos cruces, son imaginarios, o que por lo menos están agrandados o deformados por el cruel dominio de nuestra imaginación. Ésta es la razón por la que tanto nos pesan y nos agobian nuestras cruces humanas e inventadas.

Si lo que tanto nos hace sufrir y tan fuertemente nos agobia fuese de verdad la cruz que el Señor nos manda, la Cruz de Jesús, una vez que la hubiésemos reconocido como tal y que, con fe y con amor, la hubiésemos aceptado, ya no nos debería pesar y oprimir. Porque la Cruz de Jesús, la Santa Cruz, no es fuente de tristeza o de abatimiento, sino de paz y de alegría.

En cambio, si llevamos sobre nuestros hombros una cruz humana e imaginaria, o la producida por nuestra rebeldía interior contra la verdadera Cruz, entonces estamos tristes y preocupados.

Pero este peso y esta preocupación pueden desaparecer de tu vida y dejar de agobiarte: basta con que abras los ojos de la fe y con que te decidas a cortar las alas a tu imaginación.

Permíteme que te diga que estas cruces humanas que te aplastan con su peso no existen en la gran realidad de tu vida sobrenatural, existen sólo en tu imaginación. Llevas sobre los hombros un peso tan atroz como ridículo: un peso que en tu imaginación es una montaña y, en realidad, es un granito de arena.

Son fantasmas creados por la mente, fantasmas que la fantasía reviste de colores vivaces, atribuyéndoles manos anchísimas y temerosas, y piernas ágiles y veloces. Son los fantasmas que ahora te persiguen y llenan de dolor y de agitación tu alma.

Un pequeño gesto de tu vida de fe sería suficiente para hacerlos desvanecer. ¿Te das cuenta de qué poco basta para eliminarlos?

A veces, admitimos en nuestra vida a otros fantasmas... Vienen de lejos: son los temores a los peligros futuros. Son temores a cosas o a peligros que ahora no existen y que no sabemos si se realizarán, pero que vemos presentes y actuales en nuestra imaginación, haciéndolos más trágicos.

Un sencillo razonamiento sobrenatural los haría desaparecer: puesto que estos peligros no son actuales y estos temores todavía no se han verificado, es obvio que no tienes la gracia de Dios necesaria para vencerlos y para aceptarlos.

Si tus temores se verificasen, entonces no te faltará la gracia divina, y con ella y tu correspondencia tendrás la victoria y la paz.

Es natural que ahora no tengas la gracia de Dios para vencer unos obstáculos y aceptar unas cruces que sólo existen en tu imaginación. Es necesario basar la propia vida espiritual sobre un sereno y objetivo realismo.

Estos fantasmas no son menos peligrosos en el campo de la caridad. ¡Cuántas veces, en esta virtud, quedas víctima de la imaginación! ¡Cuántas sospechas hay sin fundamento y que sólo radican en tu mente! ¡Cuántas cosas haces pensar y decir y hacer al prójimo que éste jamás ha pensado, ni dicho, ni hecho!

Estos fantasmas turban y descomponen la convivencia con las demás personas, la vida de familia.

Estos pequeños contrastes que se dan necesariamente en todas las convivencias humanas, incluso en las de los santos, porque no somos ángeles, son agrandados y deformados por la imaginación y crean estados de ánimo duraderos que nos hacen sufrir muchísimo.

Por naderías, por pequeñeces y por el juego de nuestra fantasía, se abren abismos que dividen las personas, que destruyen afectos y amistades, al corromper la unidad.

La imaginación, además, es la gran aliada de la sensualidad y del amor propio. ¡Qué novelas te hace vivir!: fantásticos ensueños en los cuales eres el héroe, el personaje que triunfa: fantasmas que acarician tu ambición, tu deseo de mandar y de ser admirado, tu vanidad.

Fíjate cuántos obstáculos para tu santidad.

Tu vida de piedad: la oración, la presencia de Dios, el abandono en las manos de Nuestro Señor, la alegría fuerte y sobrenatural; todas esas murallas de tu vida interior quedan así amenazadas, minadas por la loca de la casa.

Sé sobrenatural, sé objetivo. La voz de Jesús pone fin a los temores y a la aventura de los Doce del Lago de Genezaret: *Habete fiduciam, Ego sum: nolite timere...* Tened confianza, soy Yo: ¡no temáis!

Examen de conciencia

...toda nuestra gloria consiste en el testimonio, que nos da la conciencia, de haber procedido en este mundo con sencillez de corazón y sinceridad delante de Dios.

J. Escrivá de Balaguer, 16-VI-1960.

En la silenciosa hora del examen de conciencia me gusta mucho meditar y vivir estas palabras de la secuencia de la Misa de Difuntos: *Liber scriptus proferetur in quo totum continetur.* Será leído el libro escrito que lo contiene todo.

En el momento de nuestro encuentro con Jesús pasarán rápidamente ante nuestros ojos las páginas del libro de nuestra vida, en el cual estará escrito todo lo que hicimos durante nuestros días terrenales.

Y así, para no tener sorpresas en el último momento, a mí me gusta mucho, amigo mío, coger con mis propias manos ese libro que, mientras vivo, voy, quiera o no, escribiendo. Me gusta cogerlo, abrirlo y ponerlo ante los ojos de mi alma. ¡Qué fácil y qué útil es esto en el momento de la oración, en el momento de examinar la propia conciencia!

Acostumbro entonces a pensar que cada día de mi vida es una página de este libro; y cuando empiezo a vivir una jornada me hallo ante una hoja de papel en blanco. Y a veces recorro velozmente todas las hojas escritas y dejo volar también las páginas blancas, ésas sobre las cuales nada he escrito aún, porque todavía no ha llegado el momento. Y siempre, misteriosamente, se me quedan algunas entre los dedos de las manos, esas mismas que no sé si llegaré a escribir, porque no sé cuándo me pondrá el Señor por última vez ese libro ante los ojos.

Y estas páginas blancas que empezamos a garabatear cada día, a mí me gusta encabezarlas con una sola palabra: *Serviam!*, ¡serviré!, que es un deseo y una esperanza.

Deseo, porque sinceramente quiero que toda la página tenga ese sentido. Quiero, efectivamente, servir a Dios escribiendo derecho y escribiendo lo que Él quiere.

Esperanza, porque con la gracia de Dios, confío en hacer todo lo que deseo.

Después de este comienzo —deseo y esperanza—, quiero trazar palabras y frases, componer párrafos y llenar la hoja con una escritura clara y nítida. Lo cual no es más que el trabajo, la oración, el apostolado; es decir, toda la actividad de mi jornada.

Procuro atender mucho a la puntuación, que es el ejercicio de la presencia de Dios. Esas pausas, que son como comas, o como puntos y comas, o como dos puntos, cuando son más largas, representan el silencio del alma y las jaculatorias con las cuales me esfuerzo en dar significado y sentido sobrenatural a todo lo que escribo.

Me agradan mucho los puntos y más todavía los puntos y aparte, con los cuales me parece que cada vez vuelvo a empezar a escribir: son como esbozos de gestos mediante los cuales rectifico mi intención y digo al Señor que vuelvo a empezar *—nunc coepi!—*, que vuelvo a empezar con la voluntad recta de servirlo y de dedicarle mi vida, momento por momento, minuto por minuto.

Pongo también mucha atención en los acentos, que son las pequeñas mortificaciones por medio de las cuales mi vida y mi trabajo adquieren un significado verdaderamente cristiano.

Una palabra no acentuada es una ocasión en la que no supe vivir cristianamente la mortificación que el Señor me enviaba, la que Él me había preparado con amor, la que Él deseaba que yo encontrara y que abrazase a gusto.

Me esfuerzo porque no haya tachaduras, equivocaciones o manchas de tinta, ni espacios en blanco, pero... ¡cuántos hay! Son las infidelidades, las imperfecciones, los pecados... y las omisiones.

Me duele mucho ver que no hay casi ninguna página en donde no haya dejado huella mi torpeza y mi falta de habilidad.

Pero me consuelo y me tranquilizo pronto, pensando que soy un niño pequeño que todavía no sabe escribir y que tiene necesidad de una falsilla para no torcerse y de un maestro que le lleve la mano para que no escriba tonterías —¡qué buen Maestro es Dios nuestro Señor!, ¡qué inmensa paciencia tiene conmigo!

Otras veces me divierto, al repasar las primeras páginas de este libro, borrajeadas cuando no sabía hacer más que palotes; y las que siguen, en las que no hay más que letras, grandes y deformes, trazadas con mano poco segura: y esas otras en las que hay ya palabras y frases; y las más recientes que cobijan línea tras línea de nutrida escritura.

Quisiera, Señor, aprender a escribir este libro; aprender a dejarme guiar la mano por tu mano divina, para cumplir de este modo en todo momento tu voluntad.

Y quisiera llenar cada una de estas páginas con expresiones henchidas de afecto y de amor sincero, o, por lo menos, cuando no haya sabido escribir lo que debía, con manifestaciones de contrición serenas y sinceras.

Me duele, o me consuela, este juego del libro. ¿Quieres, amigo mío, que aprendamos a entretenernos cada día, sinceramente, con profundidad y perseverancia, en este juego que es tan grato a nuestro Señor? Es el ejercicio del examen de conciencia.

Te dará un gran conocimiento de ti mismo, y de tu carácter y de tu vida. Te enseñará a amar a Dios y a concretar en propósitos claros y eficaces el deseo de aprovechar bien tus días.

Y sentirás, amigo mío, como lo siento yo ahora, el anhelo de escribir un cántico de amor a Dios —*cantate Dominum canticum novum*—, cantad al Señor un nuevo cántico, un cántico que será verdaderamente nuevo cada día, porque lo escribirás con el sentimiento vivo de tu vocación, de tu vida de hijo de Dios, que se renovará cada día: *Ecce nova facio omnia,* he aquí que hago nuevas todas las cosas.

Amigo, coge en tus manos el libro de tu vida y vuelve cada día sus páginas, para que no te sorprenda su lectura el día del juicio particular y no hayas de avergonzarte de su publicación el día del juicio universal.

En presencia del Padre

Somos niños delante de Dios, y si consideramos así nuestra vida ordinaria, en apariencia siempre igual, veremos que las horas de nuestras jornadas se animan, que están llenas de maravillas, diversas entre sí y todas hermosas.

J. Escrivá de Balaguer, 24-III-1930.

Adimplebis me laetitia cum vultu tuo; me llenarás de alegría con tu presencia. Norma práctica y segura de perfección es el ejercicio continuo de la presencia de Dios. Vivir contigo, Señor, buscar tu presencia, trabajar sintiéndonos seguidos por tu mirada y verte a Ti en todos los acontecimientos que tejen nuestra vida cotidiana. Saber que puede y debe vivir siempre en la presencia de Dios es, para el cristiano, motivo perenne de alegría.

Haz que no falte nunca, ¡oh Señor!, en nuestras jornadas la alegría de tu presencia, que no falte en nuestras dificultades cotidianas, en los momentos duros, el consuelo de saberte presente. *Horas non numero nisi serenas,* no cuento sino las horas serenas: esta inscripción que, bajo un reloj de sol, rompía con su esbelta gracia la austeridad de un viejo muro romano, la he visto vivida y saboreada en la alegría serena que gozan y difunden a su alrededor las almas que caminan en la presencia de Dios. El sentido sobrenatural de la vida —sol que está sobre el horizonte del alma cristiana— disipará con la fuerza de la fe todas las preocupaciones y las ansiedades cotidianas, para dejar al alma en la serenidad de quien lo sabe mirar todo con los ojos de Dios.

Cuando vivamos, amigo mío, esta presencia de Dios que ahora —mientras conversamos— nos está pidiendo el Señor, aprenderemos a dirigir hacia Él cada una de nuestras acciones y a vivir con una pureza de propósitos cada vez mayor. *Deo omnis gloria,* para Dios toda la gloria; ésta será la norma de todo lo que hagamos. Tan sólo entonces sabremos esfumarnos ante la grandeza y ante la eficacia de lo que la Iglesia, Madre nuestra, nos hace pedir para todos los cristianos: *...Ut cuncta nostra oratio et operatio a Te semper incipiat et per Te coepta finiatur,* que todas nuestras acciones y operaciones empiecen siempre en Ti y que las por Ti comenzadas lleguen a su fin. Pues sólo entonces seremos de Cristo —ya que toda nuestra vida será suya— y todas nuestras acciones tendrán a Jesucristo como principio y como fin.

La pureza de intenciones no es más que presencia de Dios: Dios nuestro Señor está presente en todas nuestras intenciones. ¡Qué libre estará nuestro corazón de todo impedimento terrenal, qué limpia será nuestra mirada y qué sobrenatural todo nuestro modo de obrar cuando Jesucristo reine de verdad en el mundo de nuestra intimidad y presida toda nuestra intención!

Entonces —deja que te lo recuerde— tu alma habrá encontrado la sencilla y clara fórmula de vivir la santidad en medio del mundo, de buscar la perfección cristiana en todas las actividades de la vida. Podrás santificarte en todo momento: y todo te llevará hacia Dios nuestro Señor.

Piensa: el egoísmo y la sensualidad, el amor propio y el resentimiento no podrán anidarse en tu alma, ni podrán ser móvil de tus acciones, porque Jesucristo, presente en tus intenciones, te defenderá de todo avasallamiento e impedirá cualquier intervención del enemigo de tu santidad, siempre dispuesto a sembrar cizaña ocultamente. Pero en las almas que viven en presencia de Dios no hay cizaña: todo en ellas es buen trigo. Y con la ayuda de Cristo —meta y razón de nuestra vida— podrás tener alejado de tu alma ese sueño que favorece la aproximación del enemigo: y todo en ella será vigilancia y atención dirigida a la presencia del Señor.

Pureza de intenciones: Cristo presente en nuestras intenciones... Una vez en este camino, aprenderemos también a vivir la virtud de la humildad, porque de todas nuestras obras y de nuestro modo de actuar subirá a Dios una protesta de humildad: *Non nobis, Domine, non nobis; sed nomini tuo da gloriam!* ¡No a nosotros, Señor, no a nosotros, pero da gloria a tu nombre!

Esta presencia de Dios serenamente buscada y conservada con tenacidad ha de ser el profundo y gozoso secreto de cada uno de tus días.

Dominus sit in itinere tuo, que el Señor esté en tu camino: estas palabras con que Tobías bendice a su hijo son en verdad el augurio más hermoso que se puede hacer para tu vida familiar, para tu vida social, para tu vida de estudio, para tu vida profesional e incluso para tus horas de entretenimiento o de descanso.

¡Y cuánta seguridad da este caminar en la presencia de Dios! ¡Qué decisión en la lucha y qué seguridad de la victoria te dará el sentirte seguido por la mirada paterna de Dios! Cuando la tentación se haga acuciante, esta serena presencia de Dios sabrá trocarse en oración intensa, en petición ardiente, en el grito lleno de fe y de esperanza de los discípulos de Emaus: *Mane nobiscum, Domine, quoniam advesperascit!*, ¡quédate con nosotros, Señor, porque anochece!

Si vives en presencia de Dios, aprenderás a ejercitarte en esa rara sabiduría que es el dominio de uno mismo, aprenderás a dominarte y a vencerte y conocerás la alegría de hacer agradable la vida a cuantos estén cerca de ti.

Por este camino llegarás, amigo mío, a una gran intimidad con el Señor: aprenderás a llamar a Jesús por su nombre y a amar mucho el recogimiento. La disipación, la frivolidad, la superficialidad y la tibieza desaparecerán de tu vida. Serás amigo de Dios: y en tu recogimiento, en tu intimidad, gozarás al considerar aquellas frases de la Escritura: *Loquebatur Deus ad Moysem facie ad faciem, sicut solet loqui homo ad amicum sum.* Dios hablaba a Moisés cara a cara, como suele hablar un hombre con su amigo.

Pide, pues, a la Santísima Virgen, Madre de Dios y Madre nuestra, que te ayude a formular un propósito: el firme y generoso propósito de caminar de ahora en adelante —siempre— en presencia de Dios.

El pan de vida

> No os *acostumbréis* nunca a celebrar o a asistir al Santo Sacrificio: hacedlo, por el contrario, con tanta devoción como si se tratase de la única Misa de vuestra vida: sabiendo que allí está siempre presente Cristo, Dios y Hombre, Cabeza y Cuerpo, y, por tanto, junto con Nuestro Señor, toda su Iglesia.
>
> J. Escrivá de Balaguer, 28-III-1955.

Tú sabes de sobra, amigo mío, que Eucaristía quiere decir *acción de gracias.* Y éste es precisamente el primer impulso espontáneo del alma que se detiene a considerar, a meditar este misterio de fe que es el Sacramento del Amor. Las palabras que brotan del corazón, ante la presencia de Jesucristo en la Eucaristía, son palabras de gratitud: Gracias, Señor, por haber querido quedarte en el tabernáculo. Gracias, Señor, por haber pensado en mí y en todos los hombres —aun en aquellos que habrían de entregarte y que te traicionan— en la hora de la persecución y del abandono, en la vigilia de la Pasión. Gracias, Señor, porque has querido ser médico para mis achaques, fuerza para mis debilidades y blanco pan para mi alma hambrienta, pan que da la vida.

Tú y yo sabemos por experiencia cuánto bien puede hacer a una persona una buena amistad: le ayuda a comportarse mejor, le acerca a Dios, le mantiene lejos del mal. Y si una buena amistad nos liga, no ya a una persona buena, sino a un santo, los buenos efectos de ese género de vida se multiplican: el trato mutuo y el intercambio de elevados sentimientos con un santo dejarán en nuestro propio fondo algo de su santidad: *cum sanctis, sanctus eris!*, si tratas con los santos, serás santo.

¡Pues piensa ahora, amigo mío, lo que podrá ser la amistad y la confianza con Jesucristo en la Eucaristía, y qué huella dejará en nuestra alma! Tendrás a Jesús como Amigo, Jesús será tu Amigo. ¡Él —perfecto Dios y Hombre perfecto—, que nació, que trabajó y que lloró, que se ha quedado en la Eucaristía, que padeció y que murió por nosotros! Y... ¡qué amistad, qué intimidad! Nos nutre con su cuerpo, nos quita la sed con su sangre: *Caro mea vere est cibus, sanguis meus vere est potus.* Mi carne es verdadero alimento, mi sangre es verdadera bebida. Jesucristo se ofrece a nosotros en el misterio de la Eucaristía, completamente, totalmente, en cuerpo, sangre, alma y divinidad. Y el alma, en aquel momento de donación y de abandono, siente que le puede repetir las palabras de la parábola evangélica: *Omnia mea tua sunt,* todo lo que es mío es tuyo.

El camino de la Comunión —y de la Comunión frecuente— es verdaderamente el camino más fácil y breve para llegar a la transformación en Cristo, al *vivit vero in me Christus,* verdaderamente Cristo vive en mí, de San Pablo. Tu alma tiene necesidad de Jesús, porque sin Él no puedes —no podemos— hacer nada: *Sine Me nihil potestis facere,* sin Mí no podéis hacer nada. Él desea venir todos los días a tu alma: te lo dijo y te lo dice con la parábola del gran banquete —*vocavit multos,* llamó a muchos— y te lo repitió y te lo repite en el momento solemne de instituir la Eucaristía: *Desiderio desideravi haec pascha manducare vobiscum,* he deseado con toda el alma comer esta Pascua con vosotros.

Tu alma y la mía tienen necesidad del Pan de la Eucaristía, porque tienen necesidad de nutrirse, como el cuerpo, para perseverar con fidelidad y buen espíritu en el trabajo cotidiano, en su esfuerzo para santificarse y para adelantar, cada día más, en el conocimiento de Dios y en la práctica generosa de las virtudes.

Deja que te diga, en confianza, que tu alma no puede nutrirse y saciarse de otra cosa que de Dios. ¡Tanta es la grandeza y la nobleza del alma en gracia! Si pudiéramos hacernos una idea de ella, no tendríamos ojos para ninguna otra cosa en el mundo. Piensa que la Fe —nuestra fe cristiana, que da luz a la inteligencia y serenidad al corazón— enseña que el alma ha sido creada a imagen y semejanza de Dios, que ha sido redimida por la sangre de Jesucristo, y que debemos alimentarla de su cuerpo y sangre redentores.

No te dejes seducir por falsas ideas y por falsas humildades: estado de gracia, rectitud de intención... y, después de haber escuchado el consejo prudente del sacerdote, acércate, incluso todos los días, a la Santísima Eucaristía.

Me agrada repetirte, a propósito de la Eucaristía, aquellas palabras de Marta a María, cuando Jesús —después de la muerte de Lázaro— se acerca a la casa amiga de Betania: *Magister adest et vocat te!*, ¡el Maestro ha llegado y te llama! Escucha su llamada, y aproxímate: acércate a este misterio de fe con una fe muy grande, acércate con la fe de la madre cananea y de la hemorroísa, o, por lo menos, con el deseo humilde de los apóstoles: *Adauge nobis fidem!*, ¡auméntanos la fe!

Acércate con la esperanza firme del leproso y repite a Jesús sus palabras, humildes y confiadas: *Si vis, potes me mundare.* ¡Señor, si quieres puedes volverme puro! Y si en ese momento te entristece el recuerdo de tus miserias, puedes volverte a Jesús con las palabras del centurión: *Domine, non sum dignus...* Señor, yo no soy digno —pero añade en seguida lo que supo añadir aquel hombre sencillo y saborea la confiada esperanza que se esconde en la continuación de su discurso: *...sed tantum dic verbum et sanabitur anima mea—*, pero di una sola palabra y mi alma será sana.

Acércate con la caridad de Magdalena, en la casa de Simón el leproso. Sepárate, como ella, de todo lo que está a tu alrededor, y quédate solo con Jesús y rodéalo con tus cuidados y ofrécele el fuego de tu alma y el fervor de tu voluntad. Y no te cuides de respetos humanos, ni de falsas humildades. Él está contigo, y te ama. Aprovecha bien los momentos de tu acción de gracias: que tu acción de gracias sea como el himno que entonaron los apóstoles, en el cenáculo, después de la institución de la Eucaristía, mientras iban saliendo al aire libre. Y sal de la iglesia con el corazón rebosante de alegría y el alma llena de optimismo. Y renueva muchas veces durante la jornada tu respuesta al *desi-*

derio desideravi de Cristo, tu deseo de recibirlo. La comunión espiritual es alimento fuerte y letificante para las almas eucarísticas.

Mater pulcrae dilectionis et agnitionis et sanctae spei. La Virgen es madre del Amor hermoso y de la Fe y de la santa Esperanza: pídele a Ella progresar en estas virtudes para acercarte con disposiciones interiores cada vez mejores al Santísimo Sacramento de la Eucaristía.

Yo estaré con vosotros siempre...

Oración, que se expresa frecuentemente en una mirada: mirarle y sentirse mirado; otras veces, en considerar la grandeza de Dios y nuestra pequeñez; otras, en contarle minuciosamente lo que Él sabe muy bien, aquello que nos puede y nos debe agobiar, que es gloria suya, que no es interés nuestro, porque Él tiene más empeño que nosotros.

J. Escrivá de Balaguer, 29-IX-1957.

Orate frates! ¡Orad, hermanos! Escucha y medita, amigo mío, estas palabras que el sacerdote pronuncia durante la Misa, vuelto hacia los fieles, abriendo los brazos en gesto de caridad y con voz casi suplicante. Con las mismas palabras, con el mismo tono de súplica y con la fuerza del profundo convencimiento que el Señor ha puesto en mi alma sacerdotal, quiero repetirte al oído en estos momentos de recogimiento: ora, amigo mío..., es necesario; hermano mío, ¡haz oración! Protege y fomenta tu espíritu de oración.

Uno de los mayores tesoros que posee la Iglesia, nuestra Madre, es la oración de sus hijos y de sus hijas. Ella cuenta con tu oración para rehacerse y para crecer. Tiene una necesidad vital del silencio y de la actividad de tu oración. Tratemos, pues, tú y yo, de compenetrarnos y de imbuirnos de este sentido de responsabilidad: introduzcamos en nuestra vida, en nuestro quehacer cotidiano, un poco de tiempo para dedicarlo a la oración mental, si aún no lo hacemos; y si en el plan de nuestra jornada, hemos dispuesto ya de cierto tiempo para consagrarlo a la intimidad con Dios, perseveremos en nuestro propósito y mejoremos nuestra vida de oración.

¿Recuerdas aquel pasaje de la Sagrada Escritura en que se cuenta la tremenda batalla peleada por el pueblo elegido contra los Amalecitas? Mientras el ejército hebreo combatía en la llanura, Moisés, el caudillo de Israel, oraba al Señor con los brazos tendidos: si los brazos de Moisés permanecían extendidos —es decir, si su oración a Dios era intensa y perseverante— la victoria sonreía a los hombres de Israel; pero si los brazos de Moisés, vencidos por el cansancio, se bajaban, la victoria se alejaba del pueblo de Dios. Entonces —¿te acuerdas?— los dos que acompañaban a Moisés lo hicieron sentar sobre unas piedras y sostuvieron sus brazos hasta que la victoria fue completa y el triunfo definitivo.

Tú y yo tenemos que persuadirnos cada vez más (y eso es lo que ahora estamos haciendo) de la *necesidad* de nuestra oración para que la Iglesia gane sus batallas y para que nosotros podamos ganar también las batallas cotidianas de nuestra vida interior. Esta convicción consolidará y dará vigor a nuestros brazos extendidos, a nuestra vida de oración. La meditación frecuente sobre la necesidad de la oración nos llevará, como de la mano, a buscar, para una dirección espiritual seria y periódica, la persona —el sacerdote— que pueda sostener con sus palabras y con su consejo el cansancio de nuestros brazos extendidos, en los momentos de dificultad o de la aridez. Y nos incitará también a obrar de modo que otros muchos brazos se extiendan en oración perseverante y para sostener por un apostolado eficaz los brazos extendidos de otras muchas almas de oración.

Escuchemos de nuevo la voz de la Iglesia: *Orate, frates!* ¡Orad, hermanos! ¡Orad!... sentimos ahora que el propósito de orar y mejorar nuestra vida de oración se ensancha espontáneamente en nuestra alma.

Pero, amigo mío, que nuestra oración sea siempre concreta. Oración concreta es la que influye realmente en nuestra vida; la que afronta valerosamente los problemas y busca, decidida, la luz de Jesús; la que evita activamente la inconsciente tendencia a mantener abiertas las heridas de nuestro amor propio; la que acepta la voluntad de Dios y se esfuerza en cumplirla con amor; la que penetra con su silenciosa fertilidad todos los recovecos de nuestra alma y todos los momentos de nuestra jornada; la que no se transforma en frío estudio o en vacío y necio sentimentalismo; la que extingue las protestas del amor propio y los alfilerazos de la envidia, de los celos y del resentimiento.

Concreción, amigo mío, concreción en nuestra oración, en esta elevación de la mente y del corazón a Dios para adorarlo, darle gracias y pedirle luz y fortaleza. He conocido almas desorientadas y mezquinas, víctimas de su oración estéril, almas cuya oración estaba desarraigada de la vida: al principio de su jornada, ponían a Jesús en un rinconcito de su alma, pero le negaban toda intervención en el resto del día; era algo análogo a esas Misas dominicales de mediodía que tan poco o nada influyen en la vida de tantos cristianos.

En la concreta y ferviente oración de cada día se renovará y reforzará tu tendencia a la santidad: *In meditatione mea exardescit ignis.* Se enciende el fuego en mi meditación. Conocerás a Jesucristo y su doctrina llegará a serte familiar, y te conocerás también a ti mismo: *Noverim te, noverim me!* Si te conociera, me conocería. Con la oración te defenderás de tus enemigos y vencerás en todas tus luchas: tu mano se armará y te cubrirás con la coraza de Cristo, conforme a la invitación del apóstol: *Induimini Dominum nostrum Iesum Christum.* Revestíos de nuestro Señor Jesucristo. En tu oración cotidiana descubrirás la razón de tu apostolado: *contemplata aliis tradere,* transmitir a otros tus meditaciones. Todo cuanto digas y aconsejes en tu apostolado de amistad y de confianza llevará el sello de las cosas vividas y probadas, que es sello de eficacia y de coherencia.

La vida de oración debe ser defendida como se defiende un tesoro: la Iglesia tiene necesidad de ella, porque es el fundamento seguro de nuestra santidad personal, y porque nuestro Señor se dirigió a todos cuando dijo: *Oportet semper orare...* Conviene orar siempre...

Enemigos reales de tu oración son: la imaginación —"la loca de la casa"— que te turba y distrae con sus vuelos y con sus piruetas; tus sentidos despiertos y poco mortificados; la falta de preparación remota —si quieres llamarla de modo distinto, llámala disipación— por la cual te encuentras tan lejos de Dios nuestro Señor cuando empiezas tu oración; tu corazón poco mortificado..., poco purificado, poco desligado de las cosas de la tierra, que mancha de fango las alas de tu alma y te impide elevarte hacia una mayor intimidad con Dios; la falta de esfuerzo y de auténtico interés, por tu parte, en los momentos en que te quedas cara a cara con el Señor.

Antes de terminar, repite a Jesús, por mediación de la Virgen María —que es *Rosa mystica et Vas insigne devotionis,* Rosa mística y Vaso insigne de devoción—, las palabras humildes y llenas de confianza de los Apóstoles: *Domine, doce nos orare!* ¡Señor, enséñanos a orar!

La muerte y la vida

Un gran Amor nos espera en el cielo: sin traiciones, sin engaños: todo el amor, toda la belleza, toda la grandeza, toda la ciencia... y sin empalago: nos saciará sin saciar.

J. Escrivá de Balaguer, 24-III-1931.

Memento homo, quia pulvis es et in pulverem reverteris, acuérdate, hombre, de que eres polvo y al polvo has de volver. Y el sacerdote, vestido con el morado de la penitencia, esparce un poco de ceniza sobre la inclinada cabeza de los fieles.

La Iglesia, esposa de Cristo, quiere que los hombres se acuerden de la muerte, que vivan cristianamente preparados para este paso. Pero los hijos del mundo no quieren tener nada que ver con la muerte. Prefieren que la muerte sea para ellos un enemigo implacable, oculto y desconocido, una visita inesperada, una sorpresa dolorosa. Por esto, con los cadáveres de sus seres queridos, se apresuran a sepultar también, lo más rápidamente posible, todo pensamiento y recuerdo de la muerte. Y, sin embargo, una de las grandezas del hombre es precisamente ésta de saber que tiene que morir. Y el cristiano sabe también que la muerte es el precio del pecado: *peccatum introibit mors,* la muerte sobrevendrá por el pecado.

El cristiano debe pensar en la muerte; debe meditar serenamente esta verdad, hasta que llegue a ser familiar para él; debe aprender a tratarla como a una hermana llena de luz y de experiencia, capaz de dar los consejos más seguros y desinteresados. Vista así, la muerte, la muerte cristiana, nuestra buena hermana muerte —como la llamaba el *Poverello* de Asís— mostrará su rostro sereno, que no nos infundirá espanto ni miedo, sino la más dulce de las virtudes cristianas: la virtud de la esperanza. *Vita mutatur, non tollitur,* la vida se nos cambia, no se nos quita.

En el alma cristiana despierta un sentimiento de alegría al considerar esta verdad. Tus discípulos, Señor, los que te aman y que viven —o al menos quisieran vivir, sinceramente— para Ti, saben bien que la muerte es el principio de la Vida, el encuentro contigo, el premio de sus esfuerzos y la corona de sus luchas. A tus discípulos, Señor, les son familiares aquellas palabras que Tú decías a los Apóstoles, a propósito de su vida y del poco tiempo que les quedaba por pasar aquí abajo: *Tristitia vestra vertetur in gaudio,* vuestra tristeza se convertirá en gozo. Y así es como precisamente sucede, que la tristeza del cuerpo y del mundo se transforma en la alegría del alma y del cielo, cuando se vive cristianamente, y cristianamente se piensa en la muerte.

¡No me cubras la muerte, con tu imaginación enfermiza y poco sobrenatural, de paños negros y de flores ajadas! Mira a la muerte con alegría, con gozo, como a la conclusión maravillosa de la aventura cristiana. En aquel momento se encuentran y se abrazan —¡para siempre!— el hijo y su Padre, el soldado valeroso y su Capitán, el enamorado y su Amor, el redimido y su Redentor, la criatura y su Creador, el siervo bueno y fiel y el Amo justo y generoso, el atleta victorioso y su Corona: *Deus tuorum militum sors et corona, praemium,* Dios, de tus soldados premio, destino y corona.

Para ti y para mí, amigo mío, *vivere Christus est,* la vida es Jesucristo —nos lo dice San Pablo— *et mori lucrum,* y la muerte, ganancia.

Junto a este pensamiento y a esta sensación de alegría, el recuerdo de la muerte nos da un maravilloso sentido de desasimiento, pues nos enseña la renuncia a las cosas de la tierra. Cuando consideramos a la luz de la muerte nuestra vida y las cosas que nos rodean, descubrimos la inmensa sabiduría que se encierra en el saber vivir *tanquam nihil habentes et omnia possidentes,* como quien nada tiene, y, sin embargo, lo posee todo. ¿Qué son, amigo mío, las riquezas, los honores, los placeres? Cosas que se nos escapan de las manos, como el agua, y que no podemos llevar con nosotros más allá del umbral de la muerte.

Desasimiento. Vivamos de modo que las palabras del Ángel del Apocalipsis: *Non erit amplius tempus* —el tiempo ha concluido—, nos cojan con el corazón y las manos vacías de bienes de la tierra y llenas de Dios y de sus bienes. Aprendamos a morir, cada día un poco, por medio del apartamiento de todo lo que no es eterno. ¿Sabes por qué sufren y están angustiados los hombres, cuando llega su última hora? Pues porque tras haber vivido completamente olvidados del *quotidie morior;* me muero cada día, están obligados a hacer en media hora lo que deberían haber hecho durante toda su vida. ¡Qué duro y qué amargo es entonces este desasimiento forzado, al cual nadie puede sustraerse! *O mors, quam amara est memoria tua homini pacem habenti in substantiis suis!*, ¡Oh muerte, qué amargo es tu recuerdo para el hombre que se deleita en sus bienes!

En cambio, el cristiano, el alma desasida, muere saboreando la verdad de aquellas palabras del salmo: *Laetatus sum quia dixerunt mihi: in domum Domini ibimus*, me alegré cuando me dijeron: iremos a la casa del Señor.

La muerte, amigo mío, nos enseña también a amar y a vivir la verdad, porque es el momento de la gran verdad. ¡Qué realismo y qué amor por la verdad habrá en tu vida interior, si el pensamiento de la muerte llega a ser familiar a tu alma! Los engaños del amor propio, las duplicidades de la hipocresía, los ocultos sentimientos de venganza, los pretextos de la sensualidad, las injusticias y las mentiras de la vida, y las lisonjas de la frivolidad no resisten a la luz penetrante de la muerte. En aquel momento —y para siempre— tú serás lo que *eres* en la presencia de Dios, sin ningún recoveco de tiniebla dentro de tu corazón. Si quieres que las mentiras, los engaños, la duplicidad y la injusticia —que son también mentira— dejen de dominar tu vida interior y tu vida con los demás seres, piensa en la muerte.

Te sugiero una norma de conducta: ¿qué pensarías de esta persona, cómo juzgarías a esa otra, cómo resolverías este grave problema si estuvieses próximo a morir e, inmediatamente después, tuvieses que rendir cuentas a Dios nuestro Señor de este pensamiento, de este juicio, de esta decisión? Pues bien: obra siempre como obrarías en aquel momento. Pregúntate siempre a ti mismo: *Quid hoc ad aeternitatem?* ¿Qué vale esto ante la eternidad?

Breve y caduca es siempre nuestra vida, como la flor del campo —*sicut flos agri,* dicen las Escrituras—, y como una sombra que pasa rápidamente: *umbra quae transit est vita hominis.* ¿Cómo empleamos, tú y yo, esta vida tan breve, este poco tiempo que hemos de vivir aquí abajo? ¿Si hubiese llegado ahora, para nosotros, el último momento, estaríamos satisfechos del uso que hicimos de nuestro tiempo y de los dones que recibimos de Dios?

Dinumerare nos doce dies nostros, ut perveniamus ad sapientiam cordis. Enséñanos, Señor, a contar nuestros días, para que consigamos la sabiduría del corazón, esa sabiduría por la cual nos convenzamos de que sólo las buenas obras y el servicio de Dios tienen valor para la vida eterna.

No conocemos "el día ni la hora": y por ello hemos de vivir preparados, dispuestos a decir al Señor que aceptamos la muerte, que la aceptamos cuando Él quiera, como Él quiera y donde Él quiera, en la seguridad de que el Señor nos cogerá cuando estemos maduros, cuando nuestra alma haya alcanzado aquel grado de santidad al cual estaba llamada. Vivamos intensamente, con una santa ansia de aprovechar bien el tiempo y todas las ocasiones que se presenten para santificarnos, y dar a cada minuto de nuestra vida un eco de eternidad.

Y terminemos pensando en la Virgen y en su Dormición. Pidámosle a ella, a la Señora de la Buena Muerte, que nos conceda la gracia de trabajar y de vivir pensando en la Muerte, para poder luego morir pensando en la Vida.

La corrección fraterna

> Cuando veáis una desviación en un hermano vuestro, un error que pueda significar un peligro para su alma o una rémora para su eficacia, habladle con claridad. Y os lo agradecerá.
>
> J. Escrivá de Balaguer, 29-IX-1957.

Hay un fragmento del Evangelio de San Mateo (18, 15), el que se refiere a la obligación de la corrección fraterna, que no se puede leer sin experimentar una cierta sensación como de sorpresa y de pena. Pues oímos allí, en efecto, cómo la voz amable de Cristo nos impone un deber que muy rara vez se cumple en nuestros días, que tan ávidos están, sin embargo, de franqueza y de sinceridad, y que incluso parecen deseosos de asumir la franqueza y la sinceridad como características suyas, propias e inconfundibles. Y no es que el deber de la corrección fraterna alcance su fuerza y ahonde sus raíces en la virtud de la sinceridad; sino que, aun cuando la virtud de la sinceridad, como la de la honestidad, contribuye con algo propio a la práctica de dicho precepto evangélico, éste se funda directamente sobre la caridad.

Pues, precisamente a la luz de la caridad, llega la voz de Cristo a sernos perfectamente comprensible, y dicho precepto evangélico se nos aparece en toda su grandeza. Es menester amar al prójimo y quererle bien, querer su bien, sobre todo su bien eterno: por esto no permanecemos indiferentes, ni nos encogemos de hombros ante alguien que está en peligro, que no haya tomado el camino justo o que no sea como debería y como podría ser; también por esto, por ejemplo, nos guardamos bien de «dejarlo correr» cuando vemos que alguien, en el círculo de nuestros familiares o conocidos, está a punto de romper, o quizá ha roto ya el orden y la armonía de la caridad. En ésta, como en tantas ocasiones semejantes, es precisamente la palabra de Cristo la que nos obliga a no "dejarlo correr". Pues Él, en efecto, nos dice: "...Ve y corrígelo a solas. Si te escucha, habrás ganado a tu hermano." Y su mandato tiene la profundidad de las cosas sencillas, la fresca inmediatez de los programas concretos.

Las páginas de la Sagrada Escritura nos enseñan que antaño Dios se servía de los profetas, almas llenas de fortaleza y de caridad, para advertir a los hombres, incluso a los soberanos, de que estaban fuera de su camino. ¡Y con cuánta fidelidad y caridad supieron los profetas vivir y cumplir el deber de la corrección fraterna! Piensa: en nuestros tiempos, ¿es quizá obra menos urgente de misericordia espiritual el advertir al que se equivoca, el enseñar al hermano que no sabe? Casi parece como si esas palabras del Señor: "Ve y corrígelo", ni siquiera rozasen hoy la conciencia del que vislumbra a su alrededor, a su lado, el mal, un mal que podría ser evitado. Pues para muchos de nosotros, hoy —¿lo ves?— el "vecino" no es ya el *prójimo* y "el otro" no es todavía el *hermano.*

Y, sin embargo, tú lo sabes, cuando encuentra un corazón fiel y deseoso del bien propio y del ajeno, la palabra de Cristo penetra en el alma como una espada que pide ser empuñada, que requiere y exige poderosamente la acción. "Ve y corrígelo": el Evangelio, con sus mandatos y sus consejos, nos advierte continuamente de que la vida es el tiempo de la acción —*tempus agendi*—, y nos invita a no poner tiempo por medio (ese tiempo que concedemos a nuestra pereza y a nuestro egoísmo) entre la idea serenamente madurada en nuestro juicio y nuestro propósito, y la acción que ha de cumplirla.

Puede suceder que ese precepto de Cristo, a alguno, le suene a ofensa, por esa exquisita y a veces excesiva sensibilidad hacia la libertad y hacia la dignidad de nuestros semejantes que el espíritu de la época ha contribuido a formar en las conciencias de los cristianos. Pues, efectivamente, el Señor, al instruirnos sobre el deber de la corrección fraterna, nos manda *corregir,* o sea decir cara a cara a una persona algo que viene haciendo y que no está bien hacer. Y decírselo no como quien, teniendo que cumplir un encargo desagradable, se escuda graciosamente tras la amable expresión de que *ambasciator non porta pena,* y con toda su actitud pide excusa y comprensión, y casi compasión; sino con sentido de personal responsabilidad asumiendo como propias todas las responsabilidades y también todas las contrariedades que de la corrección puedan derivar para sí y para el otro. Ya por esta simple consideración podemos darnos cuenta de que el cumplimiento de tal precepto evangélico supera en mucho lo que es el plano del espíritu del mundo, de las convenciones sociales y de la misma amistad que esté fundada sobre criterios exclusivamente humanos.

Y es obvio que no se trata —porque entonces no habríamos superado ese plano, sino que estaríamos precisamente por debajo de él— de agredir a alguien con malas palabras y con peores modales, porque, pongamos, por ejemplo, haya hecho o dicho algo que nos ha molestado, o simplemente haya lesionado lo que nosotros llamamos "nuestros intereses", esos intereses enmascarados otras veces bajo la ambiciosa expresión de nuestro "buen nombre". No se trata de esto, evidentemente: obrar así no es practicar el deber evangélico de la corrección fraterna, sino alentar las querellas del amor propio, autorizar el espíritu de venganza, y faltar por lo general, más o menos gravemente a la caridad.

Quien vive con espíritu cristiano el precepto de la corrección fraterna, no piensa en aquel momento en sí mismo, sino en el otro que se ha convertido para él, por eso mismo, en hermano. En ese momento, no tiene presentes sus intereses personales o su buen nombre, sino los verdaderos intereses y el buen nombre del otro. En quel instante, ha dejado, ciertamente, a un lado muchas cosas, pero ante todo su amor propio. Ha dejado de pensar en sí para estar totalmente absorbido por la preocupación del otro y por la del camino que el otro ha de recorrer hasta unirse con el Señor. Si nos fuese dado ver el alma de aquel que, siguiendo la palabra de Cristo, cumple el deber de la corrección fraterna, quedaríamos conquistados por la grandeza y por la armonía de los sentimientos que en aquel momento ocupan su corazón, cuando se dispone a satisfacer el dulce mandato de la caridad fraterna. En aquel alma podríamos leer la firme delicadeza de la caridad, la limpia profundidad de una amistad que no retrocede ante un deber que ha de cumplirse, y la fortaleza cristiana, que es sólida virtud cardinal.

El deber de la corrección fraterna nos recuerda que no siempre el miedo de desagradar a los demás es cosa buena. Por desgracia, es grande el número de los que, por no desagradar o por no impresionar a alguien que está viviendo sus últimos días y los últimos momentos de su existencia terrena, le callan su estado real, haciéndole así un mal de incalculables dimensiones. Pero todavía es más elevado el número de los que ven a sus amigos en el error o en el pecado, o a punto de caer en uno o en otro, y permanecen mudos, y no mueven un dedo para evitarles estos males. ¿Concederíamos a quienes de tal modo se portasen con nosotros, el título de amigos? Ciertamente, no. Y, sin embargo, suelen hacerlo para no desagradarnos. "Por no desagradar" se pueden ocasionar así a los amigos —a nuestro prójimo— auténticos males; podemos hacernos responsables de graves culpas, a las cuales convendría en muchas ocasiones el nombre de *complicidad.* Y esto, por no hablar ya del hecho de que, a menudo, cuando nos "dispensamos" de la corrección por creer que los otros —nuestros amigos— se disgustarían al sentirse hacer por nosotros, honrada y delicadamente, una sincera advertencia, formulamos sobre ellos un juicio que ciertamente no les honra, y que, por lo común, no es un juicio cristiano.

La obligación de la corrección fraterna se ha de cumplir en determinadas formas y circunstancias. El Señor, en efecto, nos manda: "Ve y corrígelo", pero concreta luego que *"a solas"*. Es fascinante este aviso, esta invitación a la delicadeza, al tacto, a la amistad. Trae inmediatamente a nuestra mente muchas virtudes cristianas: ante todo la caridad, que es la que nos mueve a hablar, la virtud que desata o frena las lenguas, según las circunstancias; luego, la prudencia cristiana, que ha sido justamente llamada, con imagen moderna y eficaz el "consejo de administración de la caridad"; la humildad, que enseña, quizá más que cualquier otra virtud, a encontrar la palabra justa y el modo que no ofende, al recordarnos que también nosotros necesitaremos de muchas advertencias; la fortaleza de ánimo y la honestidad, por las cuales se reconoce al hombre verdadero y al cristiano auténtico. "*A solas*", he ahí un secreto para el bien, una prueba de amistad sincera, un seguro de fidelidad y de lealtad.

Hablar es una cosa, murmurar otra. Murmurar, es decir, hablar mal de una persona con otros, o contar a otros el mal que, a nuestro juicio, hace una determinada persona, es faltar a la caridad y, a menudo, a la justicia. Pero hacer notar a esa persona el mal que hace, advertir delicadamente a quel hermano nuestro para que se corrija, es observar el precepto del Señor y cumplir un acto de caridad, ofreciendo una prueba de amistad verdadera y cristiana. Cuando estemos a punto de murmurar de alguien, tratemos, con la gracia de Dios, de contenernos, formulando el propósito de advertir a aquella persona, si es verdaderamente el caso, conforme a los criterios que deben presidir siempre la moralidad de nuestras acciones.

Pero al deber de *hablar* corresponde, naturalmente, la obligación de *escuchar*. Quien no *escucha* se priva voluntariamente de esta ayuda, deja caducar un derecho suyo determinado: es decir, el derecho, fundado sobre la caridad, de ser advertido, de ser corregido, de ser, en definitiva, eficazmente ayudado. ¡Qué triste es no escuchar, y ser conocidos de todos como personas a las cuales nada se puede decir, como cristianos —de nombre, tan sólo—que rechazan con soberbia toda ayuda de los demás! El amor propio nos separa, nos distancia de los demás; nos establece en la soledad. Nos reduce a aquella trágica condición, tan tristemente deplorada por las Escrituras: *Vae soli, qui cum ceciderit non habet sublevantem se;* ¡infeliz del que está solo, porque cuando caiga no encontrará quién lo levante!

He aquí por qué el Señor, después de haber sancionado como obligatoria la corrección fraterna, añade: "Si te escucha, habrás ganado a tu hermano". Pues, en efecto, es muy cierto que del escuchar en estas circunstancias surge siempre una viva y cristiana amistad, o se consolida y se hace todavía más profunda y auténtica la amistad ya existente. Las advertencias escuchadas, aceptadas y agradecidas son siempre vínculos de unión para toda amistad que se levante al nivel de la amistad cristiana. Ganar y ser ganados de este modo por los demás significa hacer sentir el soplo del espíritu evangélico en nuestras relaciones y en nuestras amistades.

Si escuchamos a los demás cuando vengan a nosotros movidos por ese espíritu evangélico, por esa caridad cristiana, ejercitaremos, sobre todo, la virtud de la humildad, pues ninguna otra virtud dispone la mente como ésta para conocer la verdad y el corazón para recibir la paz. Y con la verdad y con la paz nos será más fácil enderezar, con la ayuda de Dios, nuestros senderos, y allanar el camino de nuestra vida moral. De tales disposiciones interiores aflorará muy pronto un sentimiento de viva gratitud hacia aquel hermano nuestro que toma tan a pecho nuestros problemas y la rectitud de nuestra vida; con lo que surgirán nuevos vínculos para una nueva amistad, hecha de leal sinceridad y de gratitud cordial.

Añadamos, pues, a la lista de las preguntas que acostumbremos a dirigirnos a la hora de nuestro cotidiano examen de conciencia, una que nos interrogue sobre el deber de la corrección fraterna. Y pongamos nuestras amistades, para que sean siempre más verdaderas y cristianas, al cobijo de este dulce mandato del Señor.

El peligro de las cosas buenas

El bien sobrenatural de uno solo, es mejor que el bien natural del universo entero (S. Th. I. II. q. 113, a. 9 ad 2). Hay que pedir a Dios que ponga siempre en nuestra inteligencia esa fe y esa visión sobrenatural, que dé jerarquía objetiva a nuestras ideas y a nuestros afectos y a nuestras obras. Hay que pedir ese criterio, porque es un don de Dios.

J. Escrivá de Balaguer, 24-III-1931.

En las santas misas de los domingos posteriores a Pentecostés son frecuentes los fragmentos extraídos del Evangelio de San Lucas. Uno de ellos, en el segundo domingo después de Pentecostés, nos invita a meditar la parábola de la gran cena (Lc 14-15). Es consolador escuchar de labios de Jesús palabras como cena, invitaciones, invitados... Son palabras familiares: y su misma cotidianidad induce a acercarse, con ánimo sencillo, pero con vivo deseo de penetración, a esa misteriosa página.

Procuraremos —como siempre hemos hecho en estas consideraciones de ascética— hacer lo más transparente posible el velo que, en toda porábola del Señor, encubre su sencilla y profunda belleza: parecen animarnos a ello desde la misma página del Evangelio, las palabras de Cristo: *Qui potest, capere, capiat,* que comprenda el que pueda comprender. Son una invitación a que nos apoyemos sobre el esfuerzo, a que empleemos toda la atención de nuestra mente y todo el impulso del corazón; pero, al mismo tiempo, son una advertencia, porque, para las almas espirituales sensibles, las palabras del Señor tienen siempre acentos de desafío, perspectivas de riesgo: riesgo de ulteriores empresas espirituales y apostólicas que han de afrontarse, para una vida más fecunda y, en definitiva, más alegre y más serena.

La gran cena de la que se habla en el fragmento de Lucas, es la redención de Cristo: en tan sencilla y familiar palabra están representados los méritos infinitos de Cristo, Señor nuestro. La cena es "grande", porque en Él la redención es abundante: *copiosa apud Eum redemptio.* En aquellas delicadas y apremiantes investigaciones dirigidas a todos, *vocavit multos,* invitó a muchos, han de verse las llamadas, dirigidas a cada hombre, para que quiera participar en los efectos de la Redención, para que viva de modo que obtenga la aplicación de los infinitos méritos del Redentor. La gran cena es para nosotros: para ti y para mí. Nuestros serán, si sinceramente lo queremos, los infinitos méritos de Cristo: cada uno de nosotros puede, mirando al Redentor, repetir aquellas conmovidas palabras de San Pablo: *Dilexit me et tradidit semetipsum pro me,* me amó y se entregó por mí.

En la parábola de la gran cena —conforta observarlo—, para no hacernos sentir cohibidos (pues el encogimiento de saberse invitados a la mesa de un Rey podría alicortar a sus convidados y hacer que no se sintieran completamente a sus anchas), el Señor se designa a Sí mismo con un nombre genérico y familiar, que lejos de provocar timidez invita a la intimidad y a la amistad: se señala llamándose *homo quidam,* un cualquiera, uno de tantos de nosotros. Somos, en efecto, llamados e invitados por quien se llama a Sí mismo *Filius hominis,* el Hijo del hombre: por el Hijo de Dios hecho hombre; por quien por amor hacia nosotros los hombres *semetipsum exinanivit, formam servi accipiens,* se anonadó a Sí mismo, tomando la forma de un siervo.

Sin duda, que una vez penetrado así el sentido de la parábola, nos agrada escuchar esa invitación que a todos se nos ha dirigido *ut venirent* para que acudiesen, y que nuestro corazón se llena de confianza cuando se entera de que Aquél por el cual hemos sido invitados lo ha preparado todo (*quia iam parata sunt omnia,* porque todo está ya dispuesto). Por tanto, nos será muy fácil aceptar la invitación, y ponernos en camino, apoyados por su fuerza y por su gracia.

Sin embargo, quedamos perplejos, y no poco, cuando escuchamos las contestaciones de los invitados y oímos que todos dan una misma, aunque sea amable, respuesta negativa a los enviados de quien les invita: *Rogo te habe me excusatum,* te ruego que me dispenses. Pero si nos detenemos a ponderar las excusas aducidas por los diversos invitados para justificar su ausencia, acaso nos inclinamos también nosotros a acoger y a dar por buenas sus razones. Buena, por ejemplo, puede parecernos la excusa del primero: *Villam emi, et necesse habeo exire et videre illam,* he comprado una finca, y tengo por fuerza que ir a verla. Válida también, aunque quizá un poco menos, nos parece la razón aducida por el segundo: *Iuga boum emi quinque, et eo probare illa,* he comprado cinco pares de bueyes, y voy a probarlos. Y, desde luego, nos parece óptimo el motivo presentado por el tercero: *Lixorem duxi, et ideo non possum venire,* he tomado esposa, y por eso no puedo acudir.

Quizá nos parezca en este punto que el velo de la parábola resulte menos transparente e incluso llegue a ser pesado y opaco: pues tras haber simpatizado, en el fondo, con los renunciatarios, por habernos parecido válidas las justificaciones de sus negativas, nos toca asistir a la ira del Padre de familia y escuchar la severa condena por Él pronunciada con respecto a los invitados renuentes: *Nemo vivorum illorum, qui vocati sunt, gustabit coenam meam,* os digo que ninguno de los que fueron invitados saboreará mi cena. En este punto —repito—, tal vez, por un instante, quedamos sorprendidos y tentados a ver cierta desproporción entre la negativa de los invitados, motivada por razones aparentemente válidas, y hecha de modo considerado y amable, y la ira, más aún, la severa condena de Aquél que les había dirigido la invitación.

Esa sorpresa desaparece, sin embargo, y el velo de la parábola vuelve a hacerse transparente tan apenas volvemos a continuar nuestra consideración: la gran cena es la salvación eterna de cada hombre, de cada invitado. Y es un problema inmenso el de nuestra salvación eterna: los peligros que la amenazan son innumerables y graves. Para darnos cuenta de ello, bastará pensar en el desorden introducido en todos nosotros por el pecado original, ese desorden que tan fácilmente nos lleva a usar mal de las cosas buenas.

La palabra de Cristo nos invita precisamente a este razonamiento, a esta reflexión: las excusas aducidas por los invitados son verdaderas (pues, en efecto, no mienten); sus modales, al oponer su negativa, son considerados y amables; las ocupaciones que los retienen son todas buenas. Pero, no obstante, sigue siendo también verdad que descuidan lo principal por lo secundario, sigue siendo también verdad que han comprometido y hecho peligrar desconsideradamente su salvación eterna, representada en la parábola por la gran cena.

Y esto es precisamente lo que la parábola pretende denunciar: el peligro que existe en las cosas buenas cuando nos absorben de tal modo que acaban por alejarnos de Dios; el peligro de que las cosas buenas, no usadas del modo, en el tiempo y con la medida debida, nos hagan abandonar nuestros deberes de piedad y nuestros compromisos de apostolado, comprometiendo así la unión de nuestras almas con Dios, y con el tiempo, disipando quizá en nosotros por completo todo sentimiento de Dios.

Con razón, se ha dicho que muchos trabajan en política, arte, cultura, industria o comercio, pero que muy pocos trabajan en serio por su propia santificación, por la salvación de su propia alma, por el "gran negocio" de su salvación eterna. Obsérvese bien que, en sí mismas, estas actividades —política, cultura, comercio— no son malas, antes bien, pueden ser buenas y óptimas. Es el hombre el que, a veces, no sabe realizarlas de modo que sirvan para su propia salvación, para su último fin: permanece así, como los invitados renuentes de la gran cena, como una víctima de las cosas buenas. "La abnegación me ha perdido", gritaba desconsoladamente una de estas almas arrolladas por las cosas y por las obras buenas: y es el suyo un grito augural, conturbador.

Todos nosotros nos vemos halagados, asediados continuamente por esta fácil tentación (fácil de ser acogida, difícil de expulsar): la tentación de relegar al último puesto el problema y los deberes de nuestra vida cristiana, y de dedicarnos a ellos cuando tengamos *tiempo* y *gana*. Nuestro juicio (demasiado poco profundo, demasiado poco sobrenatural) vacila fácilmente, y acaba por considerar los deberes referentes a nuestro último fin tan sólo como *algo de más*, y no como inderogables deberes de estado (propios de nuestro ser cristianos) y como nuestro máximo interés. Lo cual constituye un grave desatino y una imprudencia: pero nuestra mente, ligera y superficial, hace sus cálculos azacanados y teje sus laboriosos silogismos, eliminando de las premisas la eternidad y la salvación del alma. Las grandes amonestaciones evangélicas (*"porro unum est necessarium...* sólo una cosa es necesaria...", *"quid prodest homini...?* ¿de qué le sirve al hombre...?", *"vigilate"*, vigilad..., etc.) no ejercen peso alguno, o tan sólo muy poco, en la formulación de nuestros juicios y en el encuadramiento de nuestros problemas.

Pero si nuestro juicio vacila a menudo, no menos vacila nuestra voluntad, y con no menor frecuencia: y la superficialidad, el desatino de nuestros juicios hallan eco en lo que constituyen las contradicciones de nuestra vida cristiana, es decir, en las *omisiones* y en las *negligencias.* Cada cristiano debería considerar con empeño y con profundidad, todas las noches, las omisiones y las negligencias que, en relación con su fin último, ha cometido en aquella jornada; y no para deprimirse, sino para recuperarse. Quien, como nosotros, está empeñado profundamente en la vida, debería saber realizar cada día aquella síntesis de todos sus deberes que el mismo Señor sugiere (... *haec oportet facere, et illa non omittere,* conviene hacer estas cosas y no omitir aquéllas), en la cual ninguno de ellos tenga que padecer descuido o posposición injusta.

Necesitamos, sobre todo, de ese juicio profundamente cristiano, sereno y equilibrado; de un juicio que, abriéndose hacia la eternidad y sin perder de vista nuestro fin último, nos dé la verdadera medida y proporción de las cosas; y de una voluntad recta y decidida, que se acompase en su avance con dicho juicio, que sepa evitar las omisiones y corrija generosamente las negligencias.

Éste, y no otro, es el camino que debemos seguir para atravesar por entre los bienes temporales y para usar rectamente de ellos, sin perder de vista, ni mucho menos para siempre, los bienes eternos. Y ésta es la oración que la Iglesia dirige muchas veces al Señor, en el Tiempo siguiente a Pentecostés. Oración que también nosotros dirigiremos al Señor, por el trámite de Aquélla que es mediadora de todas las gracias.

La cizaña y el buen trigo

¡Divina pedagogía de las parábolas!: luminosas y claras, para las almas sencillas; ininteligibles, para los complicados e indóciles: por eso los fariseos no las entienden. El sembrador, el campo, el enemigo, la cizaña... Acércate más a Cristo, y dile que te explique la parábola —*edissere nobis parabolam*— en la intimidad de tu oración.

J. ESCRIVÁ DE BALAGUER, 24-III-1931.

Estos días he releído la parábola de la cizaña en el campo, y me han impresionado particularmente algunas palabras del Señor: *Cum autem crevisset herba et fructum fecisset, tunc apparuerunt et zizania* (Mt 13, 26), cuando la hierba creció y dio fruto, apareció también la cizaña. Un hombre bueno había sembrado ya en su campo buen trigo cuando su enemigo llegóse allí a escondidas y arrojó cizaña en medio del sembrado.

En nuestra meditación ante la presencia del Señor, nos detendremos sobre esas pocas palabras que acabamos de citar: nos detendremos a contemplar esa cizaña que brota entre el buen trigo y pasaremos a considerar cómo en nuestra alma, el mal despunta también sobre el bien y entre el bien. Esas breves palabras nos dejan advertidos y nos invitan a estar atentos, a vigilar, para que no suceda que convirtamos en mal el bien que hay en nosotros, el bien que hemos realizado o que venimos realizando, o lo echemos a perder con el mal que sobrevenga.

Las palabras de Jesús expresan una realidad de la cual tenemos íntima y personal experiencia. En nuestra alma y en nuestra vida, como en el campo de la parábola, el mal despunta sobre el bien y entre el bien. Y hemos de emplearnos tenazmente, y vivir con espíritu de vigilancia, para que, en nuestro propio ser, no destruya, disminuya o corrompa el bien. Adentrémonos, a la luz de la doctrina ascética, en nuestra personal experiencia —experiencia de cristianos que desean vivir cristianamente— para ver cómo se repite, en nuestra vida, esa dolorosa realidad a la que alude la parábola.

He aquí, para empezar, un primer ejemplo tomado del Evangelio: Dos hombres subieron al templo a orar: esto es trigo bueno, esto es el bien, y un bien grandísimo: el de la oración, adoración que la criatura tributa al Creador, conversación del hijo con su Padre. Pero he aquí que, en la oración de uno de aquellos dos hombres, brota el mal del orgullo, de la complacencia en sí mismo llevada hasta el desprecio del otro: sobre el bien y en medio del bien, despunta, por consiguiente, el mal. Entre el buen trigo, brota la cizaña. *Pharisaeus stans, haec apud se orabat: Deus, gratias ago tibi, quia non sum sicut caeteri hominum* (Lc 18, 11); el fariseo, erguido, en pie, oraba de este modo en su interior: "Te doy gracias, oh Dios, porque yo no soy como los demás hombres." En el orden de la virtud, tampoco es raro, por desgracia, encontrarse con que en el bien (grande y hermoso) de la castidad brote a veces el mal del orgullo y del desprecio de los demás. Y tampoco es raro —nuestra personal experiencia puede darnos buena prueba de ello— ver despuntar el mismo mal del desprecio hacia los demás en el campo de una vida honesta y sacrificada.

No hay duda alguna de que el ayuno sea un bien, incluso un gran bien, hoy por desgracia un poco descuidado. La palabra de Dios nos lo recuerda: *Bona est oratio cum ieiunio,* se compagina bien la oración con el ayuno. Y, sin embargo, el Señor nos aconseja que vigilemos, para que en medio del bien del sacrificio no comparezca el mal de la vanidad, que vacía aquel bien, porque el vanidoso no recibirá otra recompensa que la ridícula merced (y eso si la recibe) de la admiración humana que neciamente busca. Para que de aquel bien no tenga que brotar este mal, el Señor nos amonesta: *Cum ieiunes, lava faciem tuam et unge caput tuum,* cuando ayunes, lávate la cara y perfúmate la cabeza; lo que es como decir: vigila sobre la rectitud de tu intención, para que el bien que realizas no se vacíe y destruya por el mal que sobrevenga, por el brote de la vanidad.

No es de distinta naturaleza esa cizaña que se encarama —apuntando en ellos casi inadvertidamente— sobre los dones de naturaleza o de gracia, y sobre el bien de los éxitos que tales dones nos han procurado, cuando deducimos y afirmamos complacidos que tales dones son nuestros, que nos pertenecen, y nos negamos a admitir que los hemos recibido de Dios.

Para conjurar el peligro de esta cizaña, el Apóstol de las Gentes nos hace una pregunta amonestadora: *Quid habes quod non accepisti?* ¿Qué tienes, que no hayas recibido?

Todos sabemos que, en el campo sobrenatural, nada hay más grande que la caridad. Y, sin embargo, también sobre esta virtud, que es reina de las virtudes, pesa la insidia del mal que puede germinar en ella. La caridad, en efecto, para que pueda seguir siendo verdaderamente tal y ser caridad auténtica, ha de ser ordenada. Su jerarquía nos impone, ante todo, amar a Dios por encima de todos; luego, amar ordenadamente a las personas —el prójimo—, según su vecindad a Dios, por una parte, y a nosotros mismos, por la otra. Descomponer semejante jerarquía y orden quiere decir no amar ya recta y cristianamente: quiere decir que sobre el bien de la caridad ha brotado el mal del egoísmo. Amar a los demás significa quererles bien, es decir, querer su bien, que es el bien sobrenatural. Sobre este punto no es raro ver que brote la cizaña sobre la caridad de los cristianos: creen querer amar cuando dan a las personas que dicen amar (y de las cuales pretenden ser amados) unos bienes que no son verdaderamente tales, porque se oponen a su verdadero bien. ¡Cuántas veces pasa de contrabando por amor lo que no es amor, sino puro egoísmo, y algunas veces refinado egoísmo! Entonces no amamos a los demás por Dios y por sí mismos, sino tan sólo por nosotros. Sigue siendo el mal del egoísmo, que brota sobre el bien de la caridad, lo vacía y lo destruye.

Que la actividad realizada para el bien de las almas, el apostolado, sea un gran bien, no se puede ciertamente dudar. Pero si tal actividad, por buena y santa que sea, nos hace prescindir de la oración o descuidar la vida de piedad u olvidar nuestros deberes de estado, tarde o temprano se transformará en cizaña, en cizaña que comparece precisamente en medio del buen trigo de Cristo. Cuando en el capítulo anterior hablábamos acerca del "peligro de las cosas buenas", preferimos el angustiado lamento de un alma que se había percatado demasiado tarde de la cizaña brotada entre su buen trigo, y que al ver invadido el campo de su alma por esa cizaña, exclamaba: "¡La abnegación me ha perdido!" A precavernos de este peligro tiende aquella frase de Cristo a la hermana de María de Betania: *Martha, Martha... sollicita es, et turbaris erga plurima: Porro unum est necessarium.* Marta, Marta, tú te inquietas y te turbas por muchas cosas: pero una sola es necesaria. Pero también en otro caso, cuando el amor por las almas, el celo por su bien, de *discreto* llega a ser *indiscreto* o *amargo*, asistimos al brote de un mal entre el bien, al germinar de la cizaña entre el buen trigo. Con este motivo, podemos recordar las palabras con que el Señor refrenó la impaciencia de aquellos dos discípulos suyos que eran llamados "los hijos del trueno" y que querían hacer caer fuego del cielo para castigo de los habitantes de una ciudad que no había acogido inmediatamente la Buena Nueva por ellos predicada. En aquella ocasión, el Hijo del hombre dirigió a sus dos demasiado celosos discípulos estas palabras: "No sabéis a qué espíritu pertenecéis." Pues algunas veces, en efecto, nos sucede a los hombres que, primero no cumplimos con nuestro deber y luego, enardecidos por un espíritu de reparación y por un fervor que excede el justo límite, querríamos hacer más de cuanto es nuestro mismo deber. La misma enseñanza parece deducirse de la parábola de la cizaña, en la cual los labradores faltaron primero a su deber al adormecerse, y luego hubieran querido hacer incluso demasiado, arrancando la cizaña antes de tiempo. Pero entonces el dueño del campo dice unas palabras prudentes y moderadas: *Sinite... usque ad messem,* esperad a la siega.

Y así como el mal puede a menudo aparecer sobre el bien (si los hombres no vigilan de verdad), el amor a la verdad y al bien puede, por desgracia, transformarse en fanatismo y en espíritu de casta, cuando, por no estar rectamente iluminado y estar poco caritativamente dispuestos hacia los demás, no sabemos en la práctica distinguir entre el pecado y el pecador, entre el error y los que yerran. Y puede también ocurrir, una vez iniciada esta peligrosa pendiente, que hombres que están, sin embargo, consagrados al bien, obren y se comporten como si el bien, cuando no sea realizado por ellos mismos, no fuera ya bien.

Cosa buena, incluso óptima, es ciertamente la *espiritualidad.* Pero si el hombre olvida que no es sólo espíritu, sino también materia; si juzga que sólo es ángel, no tarda en convertirse —a causa de la soberbia que lo saca fuera de su verdadero estado— en ángel rebelde. Entonces, las consecuencias son trágicas: *Vidi Lucifer Sicut fulgur de coelo cadentem,* vi a Lucifer cayendo del cielo como un rayo. La caída precipitada de tales hombres que se habían situado soberbiamente a una altura que no era ni podía ser nunca la suya, es de tal modo vertiginosa que recuerda la del primer ángel rebelde y caído. ¡Cuántos ejemplos de este género en la historia de la humanidad! Sin embargo, nosotros los hombres nunca acabamos de aprender la lección.

No hay necesidad de recordar cuán santo sea y necesario para la propia santificación y para la consecución del bien común, el respeto y el obsequio que los súbditos deben a sus superiores: pero si tal respeto, santo y debido, se convierte en *servilismo*, ya no estamos frente a un bien. Ha brotado un mal, un mal que impide precisamente que los súbditos puedan servir rectamente a sus superiores. El servilismo desnaturaliza la relación de subordinación, porque priva al súbdito de la lealtad y de la sinceridad. Lo sitúa por debajo de su dignidad de persona humana, le impide prestar al superior cualquier verdadero y recto servicio. Lo mismo puede acaecer con la obediencia, cuando es mal entendida: puede suprimir el espíritu de iniciativa y el sentido de responsabilidad personal, decayendo y degenerando en pereza y en comodidad. Una vez más nos encontramos ante males que nacen sobre el bien y en medio del bien. Es la repetición de la parábola de la cizaña entre el buen trigo, en la intimidad de nuestras almas y en la concreta realidad de nuestra vida. Y no sucede de otro modo cuando el amor hacia la Iglesia se transforma, por orgullosa impaciencia ante las sombras humanas entrevistas en la fisonomía de la Esposa de Cristo, en escándalo farisaico que no acaba de entender el Misterio de la Iglesia. Los buenos hijos de la Iglesia (aquéllos para los cuales ella es *Sancta Mater Ecclesia*), nunca pretenden sustituir la sabiduría de Dios por sus personales puntos de vista, y por ello mientras adoran el designio de Dios, logran penetrar en el Misterio de la Iglesia, cuanto al hombre le es posible.

Podríamos continuar con más ejemplos: pero cuanto hemos dicho basta para hacernos comprender que la enseñanza de la parábola se refiere muy de cerca a nuestra alma: el mal nace a menudo en el bien y entre el bien, igual que la cizaña brota entre el buen trigo. Y para terminar, recojamos de la misma parábola dos consejos, para evitar que el mal ahogue el bien en nuestra alma y en nuestra vida. El primero es aquella invitación del Señor a la *vigilancia* para evitar lo que en la parábola fue el origen de todo mal: *...dum dormirent homines,* mientras los hombres dormían, el sueño, la desatención, la negligencia, que favorecen la acción del hombre enemigo y la insurrección del mal, tanto más cuanto que el enemigo *no duerme:* antes al contrario, cuanto más realiza el hombre el bien, más lo tienta el enemigo; cuanto más alto asciende el hombre, más lo acecha el enemigo. *Qui stat* —nos advierten las Sagradas Escrituras— *caveat ne cadat:* quien está de pie, esté atento para no caer. *Cadunt cedri de Libano,* nos amonesta la Biblia; también los cedros del Líbano caen. El segundo consejo que Cristo nos ofrece se refiere a la *paciencia,* paciencia con nosotros mismos y con los demás. *Inpatientia vestra possidebitis animas vestras,* en vuestra paciencia poseeréis vuestras almas, nos dice Él en otro lugar del Evangelio: el precio último de nuestra santidad es así la paciencia, esa paciencia en la cual la palabra de Dios da fruto: *fructum afferunt in patientia.* Paciencia que es humilde siempre, y prudencia y humilde voluntad de no sustituir jamás a los planes de Dios por nuestros planes.

En la luz de Belén

Éste es el modo divino de hacer las cosas: una primero y otra después, guiando los pasos, utilizando causas segundas, mediaciones humanas.

J. Escrivá de Balaguer, 25-I-1961.

Todos los misterios de la vida de Cristo son misterios de amor: el mismo nacimiento del Hijo de Dios es un misterio de amor. Sólo la omnipotencia divina puesta al servicio de un amor infinito por nosotros los hombres podía haber encontrado un modo tan admirable de realizar la antigua promesa. *Tota ratio facti est potentia facientis,* toda explicación del hecho es el poder de quien lo hizo, hace decir la Iglesia a sus sacerdotes ante el misterio que se realiza en la gruta de Belén.

En verdad que es un misterio de amor el de este Dios que se hace niño: la omnipotencia que se reduce a la extrema impotencia. El Señor de los cielos y de la tierra no tiene una cuna en donde ser acostado; un establo es el palacio del Hijo de David, un pesebre sirve de trono para el Hijo de Dios.

Hoy que nuestra mirada humana se pierde en el misterio del Dios niño, tratemos de empeñar hasta el fondo nuestra mente y nuestro corazón para comprender el valor y la necesidad de una verdadera vida de infancia espiritual. En su vida pública, cuando quiera indicar el único camino que lleva con seguridad al Reino infinito, Jesús dirá estas sencillísimas palabras: *Nisi efficiamini sicut parvuli non intrabitis in regnum coelorum,* si no os volvéis como niños, no entraréis en el reino de los cielos. Éste es el único precio que ha de permitirnos llegar con certeza hasta el espectáculo eterno de la gloria, de la belleza y de la armonía de Dios. Y es un precio que es tan inaccesible a los soberbios cuanto al alcance de los humildes y de todos los que se convierten, no sin esfuerzo, en hombres de buena voluntad.

¿Quién de nosotros no advierte, en esta noche de Navidad, la necesidad de un esfuerzo de simplificación interior que nos haga, como el Dios niño nos quiere, *sicut parvuli,* como niños? Sobre todo si nos contemplamos inmersos en un mundo como el de hoy, donde es tan fácil envejecer espiritualmente, y también morir, aun siendo jóvenes de años, de piel y de venas. ¡Cuántos jóvenes y adultos conocemos que son espiritualmente viejos! ¡Cuántas personas de alma complicada y cerrada como un laberinto, y de corazón en perenne agitación y bullicio!

La Navidad es la hora de la sencillez, es el momento del renacimiento y de la infancia espiritual. Es necesario coger este momento y aprovechar esta hora en la cual *ad parvulos venit Christus et cum parvulis conver-*

satur, Cristo se acercó a los niños y conversó con los niños.

Sólo una mirada sencilla y limpia podrá hacernos penetrar con gozo y con fruto en el desarrollo del misterio en el relato evangélico.

El acontecimiento más grande de la historia de la humanidad acaece de un modo extremadamente sencillo: un hecho totalmente sobrenatural se verifica de una forma del todo natural. El edicto de un emperador pagano, César Augusto, que impone el censo del orbe universo, lleva a Belén a María y a José. Y a esos dos protagonistas de la narración evangélica no les es ahorrada la aspereza de un largo y fatigoso viaje, en el cual el frío y las privaciones son sus únicos fieles compañeros.

La acción de Dios en el mundo y la obra de la Providencia divina en el gobierno de la vida humana escapan a la consideración de los hombres y a la crónica de los acontecimientos, cuando los hombres que deberían ver, comprender y contar, no tienen un corazón sencillo que les consienta entrar en los secretos de la vida de fe. Habituados como estamos, nosotros los hombres, a buscar la novedad extravagante y a desear, sobre todo, las cosas que impresionan o sirven de espectáculo, no logramos comprender que la predilección del Señor vaya a las cosas sencillas y ordinarias. ¿De cuántos otros modos hubieran podido ser conducidos María y José hasta Belén? La Providencia de Dios se sirvió del más sencillo y ordinario, y eligió aquel que no era ciertamente el más cómodo para José y para María, *desposanta sibi uxore praegnante,* su esposa embarazada. La lección es para nosotros, hombres del siglo XXI, en perenne espera de lo extraordinario y de lo maravilloso y siempre anhelantes de nuevas y asombrosas formas de comodidad.

Sencillo, humilde y sin espectáculo, es el viaje de María y de José a Belén. Pero no lo es menos el nacimiento mismo del Hijo de Dios, que acontece en la humildad y en la pobreza de una cueva, en el corazón del frío y del silencio de una noche: *dum silentium teneret omnia,* mientras el silencio envolvía todas las cosas.

No se puede ciertamente decir que, en nuestra vida, el silencio y la soledad nos sean compañeros gratos y habituales. Las zonas de silencio son escasas y poco frecuentes en nuestras jornadas. La lucha contra los rumores interiores del alma nos es casi desconocida. Y la soledad, debemos confesárnoslo francamente, más que toda otra cosa nos infunde miedo, y es a menudo para nosotros sinónimo de abatimiento y de tedio.

La pobreza del nacimiento del Hijo de Dios es tan completa, que alcanza la grandeza, y al mismo tiempo es tan sencilla, que linda con la poesía. El que viste de belleza las flores, los campos y los pájaros, apenas tiene con qué cubrir su desnudez. Muchas puertas se cierran, muchas otras no se han abierto: los dos peregrinos han llamado inútilmente durante su camino en busca de un techo donde cobijarse por la noche. *Non erat eis locus in diversorio,* no había lugar para ellos en el mesón.

Una cueva, un pesebre, un poco de paja, dos bestias: un asno y un buey. Éste es el lugar y éste es el momento elegido por la Providencia para dar comienzo a la Era cristiana.

Y mientras estaban allí, *impleti sunt dies,* se cumplieron los días, dice el texto evangélico en su sublime sencillez, y con ellos la gran promesa: *Et peperit filium suum primogenitum, et pannis eum involvit, et reclinavit eum in praesepio.* Y dio a luz a su hijo primogénito, y lo envolvió en pañales y le acostó en un pesebre. La escena se completa: María, Madre de Dios; José, padre putativo de Jesús; y el recién nacido Rey de los judíos acostado en un pesebre. Todo es sencillo y pobre. Una madre pobre, un hombre justo, pobres pañales, un niño pequeño, un establo, un pesebre. Estamos en el corazón del invierno y es noche profunda.

Cuando contemplamos en Belén tanta pobreza y recordamos que el Niño nacido es la Luz del mundo, resulta espontáneo que nos preguntemos si no habremos ignorado hasta aquí —o, por lo menos, no habremos comprendido suficientemente— que la virtud de la pobreza es necesaria a nuestra vida cristiana, y que sin ella no se entra en el Reino de los cielos.

¿Quién de nosotros se contenta hoy con lo necesario y sabe vivir de verdad con lo necesario? ¿Quién sabe hoy trazar con cristiana prudencia y delicadeza de conciencia el límite entre lo necesario y lo superfluo, para su vida personal, y sabe mantenerse con energía y con sacrificio más acá de esa línea?

¡Cuántos son, por desgracia, los que la traspasan y viven, con todo despilfarro, en plena superficialidad! El deseo de lo superfluo, el *cada vez más* en cuanto se refiere a los bienes de este mundo, es, desventuradamente, la norma de vida y la medida del corazón de muchos hombres, a los cuales parece que jamás haya llegado la Luz de Belén. Y son muy pocos aún los que recuerdan y viven otro precepto del Señor: *Quod superest date pauperibus.* Lo que sobre, dadlo a los pobres.

El límite entre lo necesario y lo superfluo se desplaza continuamente en las mentalidades, en los deseos y en la vida de muchos cristianos. Y en la misma medida se alejan de sus corazones la serenidad y la alegría. Tienen cada vez nuevas necesidades y ansias constantemente nuevas de poseer y de gozar. Y cuando se posee y se goza, sobrevienen, infaliblemente, la desilusión y el malestar, y vuelve uno a encontrarse con el corazón árido y las manos vacías. Pero la carrera vuelve a empezar inmediatamente, de nuevo, en el mismo sentido y siempre tras de los mismos objetivos.

Si nos detenemos ante la gruta de Belén comprenderemos la virtud del desasimiento —la pobreza afectiva, y, en la medida que para cada uno sea posible, también efectiva— y podremos saborear la bienaventuranza de la pobreza: *Beati pauperes spiritu quoniam ipsorum est regnum, coelorum*, bienaventurados los pobres de espíritu, porque de ellos es el reino de los cielos. Un corazón desasido de los bienes de este mundo inunda el alma de paz y enseña a usar bien de las riquezas cuando se poseen, desarrollando las virtudes de la generosidad. El desasimiento da, además, con la serenidad del corazón, la perfecta libertad interior.

Nuestra mirada contemplativa se aparta ahora de la cueva a las cercanas colinas, y los pastores del vecindario de Belén nos conquistan con su sencillez. Son sencillos, humildes y pobres. Viven en el cumplimiento puntual y fiel del propio deber: *vigilantes et custodientes vigilias noctis super gregem suum,* haciendo la guardia de noche a su rebaño. Por eso ha sido a ellos a los primeros que ha comunicado la Buena Nueva, y por el mismo motivo serán los pastores los primeros adoradores del Hijo de Dios, las elecciones de Dios están siempre condicionadas a la presencia en las almas de estas virtudes, perfume genuinamente evangélico.

Las tinieblas se quiebran, el silencio se rompe y los pastores reciben del ángel el gozo de la Buena Nueva: *Evangelizo vobis gaudium magnum...* Os anuncio una gran alegría... Nuestra sencillez dará la medida de nuestra participación en el gozo de la Navidad de Cristo.

Los ángeles, al dar gloria a Dios, prometen la paz —la paz del Cristo que ha nacido— a los hombres de buena voluntad. Hombre de buena voluntad: ¡he ahí verdaderamente la única "clase" a la que todos los cristianos deberían pertenecer! Si por parte de todos existiese esta *buena voluntad* evangélica, las clases, aunque continuaran existiendo, cesarían ciertamente de combatirse y se alcanzaría en la unidad la *pax Christi in regno Christi,* la paz de Cristo en el reino de Cristo.

Rectifiquemos nuestras voluntades, ante la gruta de Belén, y hagámoslas verdaderamente *buenas,* dispuestas a servir con fidelidad al Señor. Pues si llegamos a ser, con la luz que viene de Belén, almas sencillas y hombres de buena voluntad, participaremos profundamente de la grandeza de este día en el que *apparuit humanitas et benignitas Salvatoris nostri,* apareció la humanidad y la benignidad de nuestro Salvador.

Que la Virgen de Belén, Madre de Cristo, nos enseñe a renovarnos interiormente, a comprender y a gustar la bondad y la humanidad de nuestro Salvador, del Cristo que ha nacido.

Índice

Se terminó de imprimir en los talleres de
Impresora Alfa
Lago Managua No.50
Col. Torreblanca, México. D.F.
Se tiraron 500 ejemplares
Más sobrantes para reposición
El día 28 de febrero de 2011